学校は軍隊に似ている

学校文化史のささやき

新谷恭明

(社)福岡県人権研究所

学校は軍隊に似ている　もくじ

学校は軍隊に似ている——学校文化史のささやき

学校といふ旧き檻あり囚はれの子らは十二年の刑期に耐へて

休呆

はじめに

学校が病んでいるとおもえる現象があとをたたない。学校教育になんらかの矛盾が生じていることが目に見えはじめたのは一九六〇年代なかばすぎのことであった。東京オリンピックを終え、高度経済成長という大きな社会変動を経て登場したのは団塊の世代と称された若者たちによる政治闘争と大学という組織への反乱であった。中等教育においては受験体制というものが中学生、高校生をむしばみはじめていた。高校進学率は八〇パーセントを超え、義務教育における長期欠席児童・生徒がもっとも少ない数値を示していたにもかかわらず、中等教育は子どもたちにとって暗いものになりつつあったのだ。少なくとも当時の教育学者、殊に教育社会学者たちが教育病理という言葉で教育問題を語りはじめていた。七〇年代に入って教育社会学者たちが整理したところによれば、教育病理というのは教育をめぐる内外の歪んだ条件のために、教育機能に障害を生じ、その結果さまざまな逸脱行動が発生する一連の過程をいうこととされ、当時問題化していた進学競争の場合、「学歴学閥尊重の社会風潮」(ゆがんだ条件)によって家庭や学校の本来あるべき姿がそこなわれ(教育機能の障害)、その結果として犯罪や非行または精神疾患や自殺等(逸脱行動)が発生する、と分析されていた(大橋薫「進学競争にみる教育病理」日本教育社会学会編『教育社会学研究』第三〇集、一九七五年)。

病理現象があれば生理現象があるはずだが、正常な状態がなんであるかについては当時の教育学者にはよくわかっていなかった。それは戦後教育改革の成果にかぎりない幻想をもっていたからかもしれないが、本来の教育は絶対的に善であるとそのころの私たちは信じきっていたのかもしれない。だから、ゆがんだ大学のありかたがゆるせなかったり、受験体制が中等教育をゆがめていると思っていたのかもしれないのだ。

七〇年代の教育学者の中には病理以前の教育の正常値を「教育基本法(第一条)に明確に規定されているように、『人格の完成』であり、そのために諸理念や諸徳目を涵養し、心身の健全な発達を意図すること」(大橋　前掲論文)と教育基本法という法の理念に置いたり、「全面発達、人権尊重、機会均等などの近代教育理念」といった「近代教育のタテマエ理念」といった価値的・イデオロギー的基準に依拠したりしていたのも(二関隆美「教育病理の概念化について」日本教育社会学会編『教育社会学研究』第三〇集、一九七五年)、教育にたいする絶対的な信頼感が前提にあったからだと思う。

ところが、八〇年代以降の教育はそういう「正常からのゆがみ」というレベルでは説明できない慢性的な病理現象へと変化してゆき、かつてはおかしいと思ったことがあたりまえのようにみすごされるようになってしまった。不登校の子がいるのがあたりまえになり、高校中退があたりまえになり、もちろんあたりまえのように高校や大学に進学し、あたりまえのように教師に従順であり、あたりまえのように教師を信用せず、あたりまえのように授業が崩壊していく。

学校を人間にたとえるならば、学校にも生活習慣というものがある。それを教育学では学校文化と呼び、その蓄積を学校文化史ということができる。現在の学校教育は一三〇余年の歴史（学校の生育史）を持っている。途中、戦争という大病を患ったものの、戦後教育改革という妙薬で完治したと思い込み、あいかわらずの不摂生を続けてきたがゆえに病は生活習慣病として現れるに至ったというのが僕の現代の教育病理に対する診断である。学校の病理現象が慢性化しているのであるから、もはや投薬による治療は無理なところに来ているのかもしれない。あきらかに長期の不摂生による生活習慣病が教育をむしばんでいるとすれば、生活そのものから改善しなければならないであろう。

おすすめの治療は生活改善と薬物投与。手術をするという手もある。どういう生活改善をすべきで、どの薬物を与えればいいかは患者によってちがう。手術というリスクのある冒険はあまりしたくないだろうが、そこは臨床医である現場の先生たちの判断である。とりあえずこの患者たちの生活習慣を治療の参考までに記述したのが本書である。

患者を診るときにちょっと手に取っていただければ幸いである。

一　学校は軍隊に似ている

一九九五年に国連で採択された「人権教育のための国連一〇年」は二〇世紀末から二一世紀にかけての日本の「同和」教育、人権教育に大きな影響を与えた。行政にとってはこの「一〇年」にもとづいて行動計画が各自治体で作成され、その実施が人権教育にかかわるあらゆる場で展開せざるを得なくなったのだった。この「一〇年」が提起したものを一口で言えば、「人権文化を築く」ことだったと言ってよい。「一〇年」以降の人権施策にもこの考えは受け継がれている。かといって「人権文化」なるものは特別なものではない。人権文化とは社会に漂う「空気」のようなもので、その「空気」を吸って育っていくとその社会の住人にとって人権を大切にするということがあたりまえになってくるということだと考えている。

なかでも学校は子どもたちがもっとも長く「空気」を吸いつづけている場所のひとつである。学校の中の空気が子どもたちの人権を押しつぶすほど澱んでいたならば、この

「空気」を換えていくことが（換気！）人権文化の構築にとっては欠かせないことになるだろう。近代学校が誕生して以来学校の中に溜まった「空気」がどんな「空気」であるのか、この場を借りて考えてみたい。

まずは学校における集団生活について考えてみよう。

集団生活のルールを身につけよう！という指導は学校の中ではよく行われるものの一つである。ごくごくあたりまえに「集団生活のルール」というものを若い時期に身につけておかないといけないと信じられ、特に疑問とされずに教育目標に掲げられているものである。そういう意味で学校文化の常識のひとつだと言えなくもない。

しかし、学校でそうやって教え込まれた「集団生活のルール」は学校を出てからはおそらくほとんど役に立たないものである。世の中には集団生活というものはけっして多くはない。学校で身につけた集団生活のルールが役に立つと思ってそのつもりで企業社会に出るととんでもないことになる。

集団生活のルールが必要とされるのは集団での行動が職務とされている一部の職種に限られていると言ってよい。だから、そうした仕事のしかたが必要とされている職種の新人研修で必要に応じて教えられればいいものであって、すべての子どもたちが身につけなければならない問題ではないのである。ほとんどの人間にとって学校を出た後「集団生活の大切さ」なんて強いられることはまずない。

にもかかわらずこれが学校教育で重視されているのは、戦前の教員養成が集団生活を重んじる学校文化の中で行われたことに起因すると考えられる。明治一九（一八八六）年に森有礼文相は師範学校令を制定して教師として必要な気質をその教育目的に掲げた。それは順良・信愛・威重（いちょう）という三つである。森によれば順良とは従順ということであり、上の者の命令にすなおに従うことであった。信愛とは教師どうしが互いに友情で結ばれることであり、威重とは（自分より下の者に対して）威儀を以てふるまうということである。わかりやすく言えば上には無批判に従い、互いに守り合い、子どもや保護者にはえらそうにふるまうという人間像である。

そうした気質は口先だけの講釈で身につくものではない。徹底して身体で覚えさせ、集団として共有化させる必要がある。そうした人材養成を行う格好のモデルがあった。目的が明確で、上意下達の組織原理を持っている集団といえば〝軍隊〟である。森は師範学校教育に軍隊のシステムを採用したのであった。さて、何が似ているのか。それは次のお楽しみ……。

二　気をつけ！礼！

「気をつけ！前にならえ！礼！」なんていう号令を聞くと子どもの頃が懐かしくなる人も多いと思う。おっと、これを読んでいる人は学校の先生が多かったっけ。それなら懐かしいもへったくれもなくて日常なのかな。ともかく教師ではないふつうの人にとって懐かしい体験であるというのは、学校を出てからはそういう扱いをされることはあまりないということと考えていい。ということはこうした号令というのは学校においてのみ意味を持つものだということである。

学校教育におけるこうした号令の意味、そしてどうしてこの号令にしたがってきちんと列をつくり等間隔で並ぶことが学校では要求されるようになったのかを考えて見よう。

明治一六（一八八三）年に徴兵令が改訂されて、中学校・師範学校で在学中に「歩兵操練」を履修すると在営期間を減免即ち兵役の期間を短くするということになった。これがまずは事の始まりであった。文部省（もちろん軍隊とは管轄がちがう）はさっそく学校教育における歩兵操練のやり方について体操伝習所（現在の筑波大学体育専門学群の前身）に研究させて内容を検討させたのである。その結果、中学校・師範学校での歩兵操練の内容が考案され、伝習所は小学校高学年でも隊列運動を課すことも報告に入れた。つまり、教師の号令にしたがって隊列を組むという習慣は徴兵制度との関係で学校に入ってきたのがはじまりということなのだ。ここまで聞いただけで実直な平和主義者なら明日から「気をつけ！」っていうのはやめたくなるだろう。

明治一八（一八八五）年の内閣制度成立にともなって最初の文部大臣となる森有礼は近代国家日本の教育は国家の形成主体である国民ではなく天皇に忠誠を尽くす臣民を育てることであると考えていた。そのためにまず然るべき気質を持った教師を造らねばならない、というのが森の構想した師範学校令の目的とするところであった。その気質とは森が作った師範学校令の第一条に順良・信愛・威重である、と明記されている。順良とは服従のことであり、教師は上司（＝校長＝天皇）に絶対的に服従することを要求した。信愛とは友情のことであり、教師同士は篤い同志的連帯で結ばれていなければならなかった。威重は文字通り威厳をもって重々しく子どもや親には接するべきであるということを示す。もちろん、国家や天皇の威光を背にしてのことである。まぁ、上には媚びへつらい、お互い傷を舐めて庇い合い、子どもや親には威張り散らすというのが期待された教師像であった。

森は文部省入りをすると師範学校で兵式体操を採用することをあらためて指示した。兵式体操とは前述の歩兵操練を継承したものである。森が兵式体操を採用したのは前述のような在営短縮のためではない。教師たるべき順良・信愛・威重の気質を涵養するにはこうした軍隊の訓練の方式がいちばんいいと考えたからである。なぜなら、軍隊がもっともこの上意下達の意思伝達の組織だったからである。つまり軍隊的な組織の教育力がここでは重要だったのだ。兵式体操がこのような教育的な意味を持った体操となったために、「気をつけ！ 前にならえ！ 礼！」という号令も、きちんと隊列をつくって並ぶことも人間形成に意味のある教育的なことなんだと学校では信じ込まれるようになり、今日も校庭に号令が飛び交っているという次第なのである。

ところで、軍隊でいちばん必要なのは統制のとれた団体行動である。古いニュース映画などに出てくる旧日本軍やナチスの観閲式の様子を見ると実にビシッとキマッタ行進をしている。そしてナチスの場合はヒットラーの前に差し掛かると手をパッと挙げて最敬礼をするけど、あまりにカッコイイものだからけっこう学校の体育祭などでやっているところもあるみたい。よくよくやっていることの意味を考えてみる必要がある。

カッコイイついでにもうひとつ兵式体操の置土産を挙げておこう。例えばこの行進を和服でやってもサマにならないし、動きにくい。近代軍隊の訓練にはやはり軍服がいちばんふさわしいし、何しろカッコイイ。そこで師範学校では兵式体操のために軍服を模した服を着せ制服としたのである。それが学生服のはじまりだ。今では軍服はカーキ色ときまっているようだが、実は当時の陸軍下士官の戦闘服は黒だったという（佐藤秀夫『学校ことはじめ事典』小学館、一九八七年）。だから学生服は軍服そのものなのである。学校教育の場に教育的理由を以て軍服が生き延びているということは実に意味の深いことではないだろうか。

三　管理教育は徹底的に……

森有礼のつくった師範学校令は順良・信愛・威重という教師たるべき気質の形成を師範教育（教員養成）の目標としていたのだけれど、そうした教育はもちろん兵式体操にかぎられたことではなかった。現在でも、例えば「同和」教育に関して言えば、その場限りの部落問題学習ではなく全教科全領域を通じての同和教育が必要なのだ、とか言うだろう。また、有能な同推教員、もとい児童・生徒支援加配教員がいてもいじめや差別事象の絶えない学校もあるだろうし、その意味では兵式体操が持ち込まれただけで学校教育が軍隊に似てくるわけがない。森はもっと徹底的に学校文化を変えなくちゃならなかったのだ。

ところで、近代学校教育が始まってまもないころに生まれた中学校とか外国語学校といったレベルの学校教育は政治や社会思想に強い関心を示すものが多かった。殊に自由民権運動が盛り上がってくるとモロに政治運動の拠点と言っていいような学校も出てくるほどであった。福岡区内（今の福岡市街地）にもいくつかの私塾のような学校が群生し、それらの学校では夜な夜な政治演説会が催されていた。たとえば向陽義塾という私立中学では毎土曜日の夜の演説会には常に七〇〇～八〇〇名の聴衆があって、壮快な演説になると人々は燃え上がったという。

師範学校もそうした学校のひとつであった。当時の師範学校生が「今でいふ雄弁会の様に、各学校から幾人か出て立会演説会をやつたものです。私も時偶には引き出されました」と回顧しているように師範学校もそうした時代の風潮のまんなかに位置していたのである。政治というものは人間が生きていくことと結びついているものなのだから、人間形成の場である学校とか教育というものが政治とか社会と主体的にかかわるのは当然といえば当然のことであったのだ。というより政治や社会に関心があるゆえにもっと学びたいと若者たちは学校に上がってきたのである。

もう少し当時の師範学校生の記憶を借りると「学校の校規なども今日の如く周密なものではなく、極めて寛大なもので、唯僅かに寄宿舎に門限があった位である。生徒の気風も気宇壮大で、玄洋社一派の青年志士などとよく交り、兎刈などをして楽んだ事を記憶している」と生徒たちが自由な生活の中で自己形成をしていたことが想像できるだろう。若き知識人であった師範学校生にとってはそれがあたりまえの学校生活であったのだ。ところが師範学校令が実施されると事態は大転換を遂げることになった。つまり生徒たちを二四時間どっぷりと順良・信愛・威重の文化につけ込むことであった。完璧な参加体験型学習である。

それは生徒たちが生活のすべてを委ねる寄宿舎の改革に端的にあらわれる。再び卒業生の記憶を借りよう。少々読みにくいけどナマの言葉からリアリティを感じてほしい。

「(師範学校令以後) 寄宿舎生活はすつかり変つた。頭は五分刈となつた。服は小倉織のジヤケツ服、帽子は軍隊と同じ独逸帽、外套、靴、靴下又は文具に至るまで一切官給品であつた。舎内の整頓掃除の苛厳な事、器物の排列方、布団毛布の積み方は全面の角は垂直でなければならぬ。畳の上に塵一本の散在を許さぬ。舎監の検閲が時々行はれる。鴨居の上を撫でゝ其微塵を払はすなど、水も漏らさぬ監督振りであつた。飯は麦飯とメンコ (軍隊の食器・新谷注) に変る。一方兵式教練、強行軍の鍛錬が励行される。附属の児童は男児は跣足の運動、病気の外は足袋、袴下、襟巻を一切禁止した。女子には袴を奨励した (後には一般的となった)。校長、諸先生も皆詰襟服に制帽だつた。因より高圧的に一から十迄全く軍隊生活に急変した。此未曾有の革新に対して在来の生徒は随分不平や愚痴をコボしたが追付かない」

学問とか教育というものが学ぶ人間の手から国家のモノへと移った瞬間の貴重な証言

である。重要なのは寄宿舎、即ち日常生活の大部分が学校（＝国家）の管理下に入ったことである。それは列挙されているように頭髪、着るもの、持ち物、食べるもの、掃除のしかたなどに対する徹底した管理主義である。もう一度繰り返そう。頭髪、着るもの、持ち物、食べるもの、掃除のしかたなどである。胸に手をあてて、もう一度……。

（この項の引用はすべて福岡師範学校『創立六十年誌』昭和一一年）

四　「蝶々」は教師のねがい

今回は学校で教わる音楽について考えてみよう。今の子どもたちのまわりには音楽はいやになるほどあふれている。行くなと言うのにコンサートには高い金をかけて出かけるし、本は買わないくせにＣＤはバンバン買ってくるし、人の話も聴かないで耳にi-podとかなんとかをつけて「音楽鑑賞」にふけり、その成果をカラオケボックスで次々と披露してくれる。他の教科もこんなに楽しく勉強してくれれば、低学力なんて心配しなくてもいいのにと思いきや、それは教科としての音楽ではない、という声が返ってきそうだ。今や音楽は学校で教える意義をなくしちゃったのかもしれないぞ。

教科としての音楽ははじめ唱歌といって、歌をうたうことだった。しかし、明治以前の日本には唱歌というようなものはなかったので、『学制』には「当分之ヲ欠ク」とあった。出来もしないのに何で規則に入れたのかというと、教えるべき教科として定められたのは教則そのものがアメリカのコピーだったからだ。信じられないかもしれないが、大日本帝国という近代国家はまず外国のコピーから始まったのだ。

ところで、その唱歌に教科としての意味を与えたのは伊沢修二という人物だった。伊沢は明治八（一八七五）年に文部省の留学生としてアメリカにわたり、そこでメーソン(L.W.Mason）という音楽教師と出会い、唱歌の技法を会得するとともにその意義について考えたのである。

アメリカ留学中に唱歌の重要性にめざめた伊沢は文部省に対して学校で唱歌を広めるようにという建言を送った。この建言には「人間の高尚な情操と体力の発達には音楽や唱歌の功績が大きいのだ。日本の文化もこの面で充実させ外国と交際していくためにも国楽（ナショナル・ミュージック）をおこさねばならない。」というようなことが書かれていた。

帰国した伊沢は音楽取調掛を文部省に設置させ、彼の師であるメーソンを日本に招聘して唱歌の教材づくりを始めた。こうして明治一四年一一月に『小学唱歌集』ができあがった。そのメッセージとはどういうものだったのだろうか。まずは名曲『蝶々』をみてみよう。何しろこの曲は伊沢が留学前に構想し、留学中にメーソンの指導で作った日本で最初の唱歌とされているものだ。

てふてふ　てふてふ　菜の葉にとまれ
なのはにあいたら　桜にとまれ
さくらの花の　さかゆる御代に
とまれよあそべ　あそべよとまれ

ちょっと知ってる歌詞とはちがうようだ。「てふてふ」を「ちょうちょう」と読むことはご存じとしても「さかゆる御代に」というのはどういうことだろうか。伊沢はこの歌詞の趣旨を「皇代の繁栄する有り様を桜花の爛漫たるに擬し、聖恩に浴し太平を楽しむ人民を蝶にたとえた」と説明している。要は天皇の治世はありがたい、ということだ。深い意味がある歌だったのだ。今歌われている「花から花へ」では詩としてあまりに平板ではないだろうか。ついでに二番もみてみよう。

おきよおきよ　ねぐらのすずめ
朝日のひかりの　さしこぬさきに
ねぐらをいでて　こずえにとまり
あそべよすずめ　うたへよすずめ

こちらはトーンがガラリと変わっている。実は作詞者が違うのだ。で、意味は「雀を学び遊ぶ児童にたとえ、子どもの朝寝を戒め、早起きして学校へ行き終日学芸に遊べ」ということでじつに教訓的な内容なのだ。伊沢の言う「人間の高尚な情操」とか「日本の文化」というのは天皇制の賛美と勤勉な国民性であり、それを伝えていくのが教科としての唱歌だった。歌いながら国民精神が身にしみてつくられていく……、いわば元祖体験的参加型学習だと考えていいだろう。そういう体質の音楽って楽しいはずないよね。

五　「蛍の光」は悲しい予言

「蛍の光」という歌は知っているよね。♪ほた～るのひかぁり　まどのゆ～きぃ♪という卒業式の定番の曲だ。この歌を聴くと何か青春の思い出がじ～んと甦ってきてウルウルときちゃう人も多いだろう。手を焼いた生徒たちを送り出すときもこの曲が流れると「教師をしていてよかった！」なんて思うんじゃないかな。パチンコ屋の閉店の曲もこれだっけ？　とにかく別れの場面には書かせない曲ではあるよね。実はこの曲はいろいろとワケアリの曲なのだ。

ふつう卒業式では一番か、せいぜい二番までしか歌わないと思う。実はこの歌は四番まであるのだ。二番までしか歌われないのはそのワケのせいなのだ。

まずは四番を紹介しよう。

千島のおくも　おきなはも

やしまのうちの　まもりなり
いたらんくにに　いさをしく
つとめよわがせ　つつがなく

ちょっとむずかしいから解説をつけておこう。「千島のおく」というのはもちろん千島列島の奥のこと、北方領土のことだ。「おきなは」というのは沖縄のこと。「やしま」とは日本列島の美称。『古事記』の中でイザナギ、イザナミノミコトがナニをして国を生んだときに生じた八つの島のことを指す。『古事記』では大日本豊秋津洲(オオヤマトトヨアキツジマ・本州)、伊予二名洲(フタナノシマ・四国)、筑紫洲(ツクシシマ・九州)、億岐洲(オキノシマ)、佐渡洲、淡路、対馬(ツシマ)、壱岐(イキ)のことだという。もちろん千島も沖縄も「やしま」にはカウントされていない。「いたらんくに」とは千島や沖縄のこと。そこにはまだ日本(天皇)のありがたい政治が行き届いていないことを「いたらん」と言う。「わがせ」の「せ」は夫とか親しい男性をさす言葉である。

というところで、この歌詞を解釈すれば〈千島だって沖縄だって、神の国大日本帝国の防波堤なのだ。まだまだ天皇陛下のありがたい政治が行き届いてはいないとこだけど、真面目につとめるんだ、男の子だろ。そして日本の平和を守るんだ〉とかナントカいう意味だろう、と思う。国語の先生ならもっと正確に解釈できるだろうからそのあたりは職員室で相談してくださいな。それにしてもこんな歌詞を聴いたら沖縄の人は怒るだろうな、って思うだろう。何しろ沖縄は日本本土の防波堤だって堂々と歌いこんであるのだから（しかも原案は「やしまのそとの」だったそうな）。そんなワケで今ではこの歌詞は歌われなくなっている。

この歌は日本で最初の唱歌の教科書『小学唱歌集 初編』に「蝶々」と一緒に載っている曲だ。この教科書の奥付は明治一四（一八八一）年一一月。そして二年前の明治一二年四月には琉球王国を沖縄県にしてしまういわゆる琉球処分が行われたことは知ってると思う。琉球王国の人々の気持ちとは関係なく日本に併合しちゃったその直後に「沖縄は防波堤だ」という唱歌を作ったのだからその神経はたいしたものだ。

重要なことはこの歌が卒業式のたびに愛唱されたということである。実際には四番まで歌うことは少なかったかもしれない。しかし、万感の思いを胸に、そういう感性の込められた歌を聴いて若者は育っていったのである。『小学唱歌集』から六〇年後、日米の間に戦争が始まり、その最後の生き逃れのために日本は沖縄を防波堤としてまさしく捨て石に使った。沖縄戦はまさに近代日本の中における沖縄を象徴する悲劇だった。その悲劇を「蛍の光」の四番は予言していたのだと思う。

六　恋の歌は危険なの

「蝶々」や「蛍の光」が載っている『小学唱歌集　初編』は明治一四（一八八一）年一一月刊行という奥付が入っているのだけど実は発行まぎわになって出版が延期になったのだ。実際に刊行されたのは翌明治一五年の四月のことであった。何でそういうことになったのかというと、ちょいとワケがあった。当時音楽取調掛の伊沢修二は彼の師であるメーソンと協力して『小学唱歌集』のための曲づくりをしていた。まず伊沢とメーソンが中心となって曲を選定し、それに歌詞をつけた。メーソンは日本語がまったくわからないので、歌詞は伊沢が中心になったことであろう。そしてその歌を東京師範学校の生徒に歌わせて適否を検討して、できあがった原案を文部省へまわして審議し、音楽取調掛で再検討して完成、という段取りを取っていた。ところが文部省では音符を読める人間はおらず、今のようにテープとか、ＣＤというようなものもないため、必然的に審議は歌詞が中心になった。

そういう過程でこの「蛍」（この頃は「蛍の光」ではなく「蛍」だった）も文部省の審議に付されたのである。それは刊行直前の一〇月のことであった。この時三番の歌詞に問題ありという意見が出たのである。クレームをつけたのは文部省普通学務局長の辻新次という人物だった。問題になった三番の歌詞とは次のようなものであった。

つくしのきはみ　みちのおく
わかるゝみちは　かはるとも
かはらぬこころ　ゆきかよひ
ひとつにつくせ　くにのため

（意味　九州から東北〔つまり「やしま」の端と端〕まで別れた道は違っていても、変わらぬ心をお互い通わせて、ひとつに尽くそうぜ、国のために）

さて何が問題かというと、辻は「徳性涵養」の面でこの歌詞はよくないと言うのだ。辻によれば歌詞中の「かはらぬこころゆきかよひ」という表現は親子兄弟や友人の間では言わない言葉である、こうした言い方は主として男女間に契る言葉であって、「遠く離れていてもお互いに恋い慕う男女の心が通う」という意味だから、学校で児童の徳性を涵養するものにはふさわしくない、というご意見であった。まさに「へぇ〜」である。「たとえ離れて暮らしても、お嫁なんかにゃ行かないわぁ〜」という都はるみの歌があったのを思い出しちゃった。

それで次のように歌詞は変えられたのである。

つくしのきはみ　みちのおく
うみやまとほく　へだつとも
そのまごゝろは　へだてなく
ひとつにつくせ　くにのため

（意味　九州から東北まで海山遠く離れていても、その真心には隔てなく、ひとつに尽くそうぜ、国のために）

辻が示した判断は近代日本の教育のあり方を象徴的に示すものだった。ここでは「学校教育の場に色恋の表現を持ちこむのは不謹慎だ」という形であらわれたが、辻が言いたかったのは「学校に通う子どもというのは未熟な存在である。その未熟なヤツらに恋愛のようなおとなの世界を知らせてはいけない」ということなのだ。その後学校では

「発達段階」というもっともらしいエセ学術用語で辻の意見を擁護し、子どもの人間らしさ（＝人権）を奪い取ってきた。ここでいう恋愛に象徴されているのは、発達段階からみて「おまえたちにはまだ早い」のひとことで何でも抑えつけてきた学校や教師の姿勢なのだ。例えば、自分の意見を持つこと、表現すること、プライバシーがあること……。そう、それは今も続いているでしょう。

子どもの権利条約（抜粋）

第十二条

1　締約国は、自己の意見を形成する能力のある児童がその児童に影響を及ぼすすべての事項について自由に自己の意見を表明する権利を確保する。この場合において、児童の意見は、その児童の年齢及び成熟度に従って相応に考慮されるものとする。

2　このため、児童は、特に、自己に影響を及ぼすあらゆる司法上及び行政上の手続において、国内法の手続規則に合致する方法により直接に又は代理人若しくは適当な団体を通じて聴取される機会を与えられる。

第十三条

1　児童は、表現の自由についての権利を有する。この権利には口頭、手書き若しくは印刷、芸術の形態又は自ら選択する他の方法により、国境とのかかわりなく、あらゆる種類の情報及び考えを求め、受け及び伝える自由を含む。

2　1の権利の行使については、一定の制限を課することができる。ただし、その制限は、法律によって定められ、かつ、次の目的のために必要とされるものに限る。

(a)　他の者の権利又は信用の尊重

(b)　国の安全、公の秩序又は公衆の健康若しくは道徳の保護

第十四条

1　締約国は、思想、良心及び宗教の自由についての児童の権利を尊重する。

2　締約国は、児童が1の権利を行使するに当たり、父母及び場合により法定保護者が児童に対しその発達しつつある能力に適合する方法で指示を与える権利及び義務を尊重する。

3　宗教又は信念を表明する自由については、法律で定める制限であって公共の安全、公の秩序、公衆の健康若しくは道徳又は他の者の基本的な権利及び自由を保護する

ために必要なもののみを課することができる。

第十五条

1 締約国は、結社の自由及び平和的な集会の自由についての児童の権利を認める。

2 1の権利の行使については、法律で定める制限であって国の安全若しくは公共の安全、公の秩序、公衆の健康若しくは道徳の保護又は他の者の権利及び自由の保護のため民主的社会において必要なもの以外のいかなる制限も課することができない。

第十六条

1 いかなる児童も、その私生活、家族、住居若しくは通信に対して恣意的に若しくは不法に干渉され又は名誉及び信用を不法に攻撃されない。

2 児童は、1の干渉又は攻撃に対する法律の保護を受ける権利を有する。

七　尊きものは我が師の恩

卒業式といえば「蛍の光」だ。いや、「仰げば尊し」ではないかとか、卒業式に「君が代」は欠かせない、という人もいるだろう。でもやっぱり「蛍の光」だろうな。そんなことを考えている卒業式シーズンに京都郡の読者の方から「仰げば尊し」はいつから歌われるようになりどういう事情で卒業式で歌われるようになったのか、という問い合わせを受けたのだ。

「仰げば尊し」は文部省著作『小学唱歌集　第三編』（明治一七年刊行）に所収されている唱歌だ。だから明治一七年にはどこかで歌われていただろうけど、卒業式で歌われたのはいつからだろうか。毎日コミュニケーションズ刊の『明治ニュース事典』というのをひもといてみるとそのマスコミにおける初出はなんと福岡県であった。明治二二年七月一九日に福岡県山門郡第二瀬高高等小学校では校舎の新築を期して上棟式並びに学期試験免状授与式（終業式と卒業式）を行っているのだ。

「えっ、七月に卒業式だって?」と思うかもしれないけれど、この頃の福岡県では九月入学制が多かったみたいで、第二瀬高高等小学校も七月に卒業式をしていたようだ。それから卒業式と終業式を一緒にやっているよね。これも現代では違和感があるだろうけど、この四年前までは等級制といって半年毎に試験をして進級するというシステムをとっていた。わかりやすく言えば碁や将棋の級みたいなものだ。だから卒業は最上級の合格という意味だったのだ。その名残として卒業式と終業式が同時に行われたのだと考えていいだろう。

その様子を掲載していた「福岡日日新聞」の記事から見てみよう(文体は読みにくいけどがんばって読もうね……、あとで教材に使えるかも)。

当日は折悪しく大雨にて来賓多からず。第一鐘の点呼にて生徒式場に入る。次に郡長、町村長、校長等それぞれ着席ありて、一同立礼終わりて唱歌(君が代)、次に学期試験成績の報告あり。これより第一年生より順次修業証及び卒業証の授与ありて、卒業生唱歌(仰げば尊し)、郡長十時一郎氏の祝詞朗読終わりて、本校首坐訓導中村九郎氏の答辞朗読あり。次に柳河高等小学校長、上庄尋常小学校首坐訓導、村長鬼又彦氏及び同校訓導宮本伯次郎氏の祝詞朗読あり。唱歌(螢の光)、第二鐘の点呼にて、来賓及び生徒は扣所に入る。この時中村氏は学芸品陳列場へ来賓を誘導す。午後一時来賓悉皆宴席に着く。宴会の間同校女生徒をして酒間の周旋をなさしめしは、かの普通酌女のごとき野鄙の観なく、終始宴席慇懃なりしは、来賓もいっそうの愉快を感じて、午後第四時退散されたり。続きて廿日、廿一日の両日は、学芸品の縦覧を許せし由。

なんと「君が代」「仰げば尊し」「蛍の光」と卒業式用唱歌の三点セットが見事に揃っているではないか。驚くべきことに校長、首座訓導、村長、訓導としゃべるのはみんなおとな。子どもの出番はなく、ただ式場で立っているだけのようだ。しかも、女生徒に宴会の酌をさせている品のなさは学校が性差別の温床であったことを物語っている。というより、酌をする人間と、される人間のどっちが主役だろうか？　考えなくとも、卒業式は明らかに教職員の仕事納めであり、近隣の学校管理職や行政のお偉方と喜びをわかちあう場でもあったことがよくわかる。だから酒席に女生徒をはべらせて、バックグラウンドミュージックに「♪仰げば尊し、我が師の恩〜♪」とやればその達成感は感動ものだったろうね。

誰ですか？やってみたいというのは……。

八　見わたせば何が見える？

このところ品のない歌詞ばかりここで紹介してきたので、たまには美しい心洗われる世界をのぞいてみよう。まずはじっくり鑑賞してみよう。

一　見わたせば　あをやなぎ　花桜
こきまぜて　みやこには
みちもせに　春の錦をぞ
さほひめの　おりなして
ふるあめに　そめにける

二　見わたせば　やまべには
をのへにも　ふもとにも
うすきこき　もみじ葉の

あきの錦をぞ　たつたびめ
おりかけて　つゆ霜に　さらしける

　さてさて、いかがなものだろうか。この歌もまた日本の最初の唱歌教科書『小学唱歌集　初編』に載っている唱歌の一つなのだ。おそらく『古今和歌集　春上』にある〈みわたせば柳桜をこきまぜて宮こぞ春の錦なりける〉という歌がモチーフとなっているのだろうと思う（博識！）。知ったかぶりついでに言えば「さほひめ」とは佐保姫といって春をつかさどる女神のことだ。だから一番は春の花の咲く美しさを歌い、二番は秋の紅葉を歌い上げているのである。

　とはいえ、この歌にたいした深い意味があるわけではなく、見わたせば春は（秋だって）ええ景色やなあ、という歌なのだと考えればいい。このように自然を対象として詩歌を作るお遊びを花鳥風月というのである。『小学唱歌集』では「蝶々」や「蛍」のように天皇制の刷り込みをはかっていたのだけれど、この「見わたせば」のように雅（みやび）の世界に遊ぶ歌もあったのだ。おわかりと思うけれど、花鳥風月という雅の世界はあくまで貴族趣味的なものであり、庶民の文化とはまったくちがったところにあった。これを作った人たちの大きなまちがいは貴族文化を日本文化とかんちがいして子どもたちに教えようとしたことである。『小学唱歌集』を歌わされるのはこんな雅の世界とは関係のないフツーの子どもたちだ。そのフツーの子どもたちにわけのわからん花鳥風月を強いたところでついていけるはずがない。実はこれを教えなくちゃいけない教師も貴族文化と無縁なのに、である。この温度差が学校教育の基本にはあるようだ。

ところで、作曲はフランスの思想家、ジャン・ジャック・ルソー（Jean-Jacque Rousseau. 1712~1778）。ルソーのことは知っていると思う。読者諸氏はきっと学校の先生が多いと思うので、教職課程を履修した頃を思い出してほし

い。『エミール』という教育について書かれた名作の著者がルソーだ。読んでなくても教職採用試験に必ず出る著作だからかつて覚えたことがあるはずだし、社会科の先生なら『社会契約論』(自由民権運動の頃には中江兆民によって『民約論』として訳された)の著者として生徒に教えていると思う。ルソーは思想家、小説家として有名なだけでなく音楽家としても活躍した人物であり「音楽は恋と並ぶもう一つの情熱」(『告白録』)とまで言っているのだ。

で、どんな曲だったんだろうか。みんな知ってると思うよ。

ほら、♪む〜す〜ん〜で〜

九　「君が代」を高らかに！

唱歌の決定版といえば「君が代」だろう。「君が代」が法制上国歌になったのは一九九九年の夏、まさに世界が滅亡する頃だった。にもかかわらず「君が代」はずっと国歌のように歌われてきており、事実上国歌の扱いを受けてきた。だけど、一九九九年の夏に有無を言わせず（有無を言う力が衰えてきたところで）、ようやく国歌になったという歴史的事実はよく覚えておいてほしい。

ところで最初の唱歌の教科書である『小学唱歌集　初編』には「君が代」という曲が載っている。このメロディを口ずさんでみようか〔楽譜一二〕。馴れないと歌いにくいかもしれないがソプラノで歌うと賛美歌のような感じがする。

そもそも「君が代」という曲はイギリス公使館護衛隊歩兵大隊軍楽隊長のフェントンが近代国家には国歌が必要だと主張し、自ら作曲したものであった。そして自ら音楽の指導をしていた薩摩藩軍楽隊に公式行事の際に演奏させていたものである。それは〔楽譜一」の楽譜のようなものであった。英国の一軍人が一国の国歌を独断で作るという思い上がりを可能にさせた程度に日本という新興国家は舐められていたし、明治の大日本帝国の民族主義もかなりいい加減なものであったと言えよう。日本の伝統回帰はあくまで政治的で尊王攘夷が政策として破綻したところで国学とともにどこかに消えてしまったのだ。日本の国家的伝統といえばその表象とも言える国歌を外国人に作ってもらうというレベルのものであったということをよく承知しておくといいだろう。

とは言えこれが国歌として適切な曲には思えない。西欧の臭いがプンプンしている。当時演奏していた海軍軍楽隊長中村祐庸もまたそう思った一人である。彼は明治九年

き み が よ は ち よ に
や ち よ に さ ざ れ
い し の いは ほ と な り
て こけ の む ー す ま で

楽譜1

に「天皇陛下ヲ祝スル楽譜改訂之儀」を書いて宮内省に提出した。フェントンは国歌だと言ったが中村はこの文書名にあるように国歌だとは書いていない。薩摩藩軍楽隊が演奏するために作られ、海軍軍楽隊に引き継がれただけの天皇賛美の曲という認識でしかなかったし、中村の意識も天皇賛歌の改訂なのであった。フェントンが国歌のように考えたとしても、日本政府にはそのことも理解されていなかったのかもしれない。海軍省は中村の意見をとりあげ西南戦争後になってあらためて宮内省に新しい「君が代」の作曲を依頼した。いくつかの候補作の中から宮内省一等伶人林広守の作品が現在まで歌われてきた「君が代」なのである。但し、これも宮内省のレベルで作っ

楽譜2

たのであるから、国歌である法的根拠はなく天皇讃歌でしかなかった。

ところで、『小学唱歌集』に掲載されている「君が代」〔楽譜二〕は宮内省のものができてすぐに作られたと思われるが、文部省の発想は唱歌として親しまれて異論がなくなってから国歌に格上げしようということであった。曲はイギリスのウェッブという人の曲を持ってきて、「君が代」の歌詞を載っけただけものである。安易と言えば実に安易な作り方だ。テキトーな外国曲にテキトーに歌詞を載っけて国歌にしようという安直さが見られる。歌詞も勝手に書き加えている。まさに伝統軽視なのだ。結局、この文部省版「君が代」は今回限りで、次の唱歌集には宮内省作成のものが載り、なお「この曲は現在ではほとんど我が国歌として祝日祭日に使われている。だから学校ではよく習熟させておくように」という説明が付いている。

参考　内藤孝敏『三つの君が代』(中央公論社、一九九七年)

一〇　もうすぐ紀元節

今、この原稿は年の瀬も押し迫ったクリスマスイブの夜に書いているのだ。世の中はいちゃいちゃと楽しい夜だというのに何という情けないことか。とはいえ今日は祝日になってたな。いつから日本はキリスト教国になったんだろう？　なんて馬鹿なことを言ってもギャグにはならんかな。ま、天長節の振替休日という国家的なサービス休日の制度のおかげだったね。

おっ、今、天長節なんて書いてしまったけれど、天皇誕生日というのが正しいのかな。しかし、かつては天長節といったんだ。祝祭日というのは今日がそうであったようにふつうは休みの日だ。しかし、日本の祝祭日というのはもとはそんなに気楽な休日ではなかったのだ。

日本では明治六（一八七三）年に太陽暦が採用された。すなわち明治五年一二月三日を明治六年一月一日として国際的暦世界に参画したのである。それまでは旧暦、すなわち太陰太陽暦というのが用いられていた。この旧暦は民衆の生活慣習と結びついていたのだけれど、明治国家としては暦の切り替えを機に国民を国家的時間枠に取り込もうとしたわけだ。そこで皇室の祭祀というのをとりあえず基準に祝祭日というものを創るということで国民の目を国家及び天皇に向けようとしたわけだ。『延喜式』なんかを参考にして決めたらしいんだけど、神武天皇即位日は最初は一月二九日にしたものの後に二月一一日に訂正され、神嘗祭も旧暦の日付をそのまま変えずに新暦の九月一七日にしたところ肝心の初穂が収穫できないので一〇月一七日に変更するというい い加減さであった。皇室内で祭祀が行われていたものもあるけれど基本的には国民は初めて聞く祝祭日であった。

ところがそういう天皇制の宣伝のための休日も国民の生活慣習にはなかなかなじまなかった。農民は基本的に旧暦に従って農作業の段取りが決まっており、よけいな祝祭日はけっこう迷惑でもあったのだ。そんなわけでおとなを変えるのが無理なら子どもからということで学校教育の場で子どもたちを教化していくという作戦に出たのである。

教育勅語というけったいなものが明治二三（一八九〇）年一〇月三〇日に渙発されると、これを活用するのは自然の成り行きであった。そういうわけでさっそく学校で儀式をやろうということになった。すなわち、明治二四年六月に小学校で祝祭日にやる儀式について形が示されたのである。

規程によると紀元節、天長節、元始祭（一月三日）、神嘗祭（一〇月一七日）、新嘗祭（一一月二三日）には次のような儀式をするように定められた。

一　天皇と皇后の御真影に最敬礼
二　教育勅語の奉読
三　教育勅語や天皇にまつわるありがたい講話
四　唱歌合唱

また、孝明天皇祭（一月三〇日）、春季皇霊祭（春分の日）、神武天皇祭（四月三日）、秋季皇霊祭（秋分の日）には教育勅語奉読を省き、一月一日には御真影拝礼と唱歌というように、いくつかのパターンの儀式の仕方が定められたのである。ということは、祝祭日には子どもたちを登校させて祝意を表する儀式を行うことになったのである。そして翌年には祝祭日の儀式のときに歌う以下の唱歌が指定された。それを見てみよう。

「君が代」、「勅語奉答」、「一月一日」（と〜しのは〜じめのためし〜とて）、「元始祭」、「紀元節」、「神嘗祭」、「天長節」、「新嘗祭」の八曲だ。皇室賛歌にとどまっていた「君が代」は学校における天皇制賛美の儀式のテーマソングとして国歌のような役割を与えられていくことになったのである。手元に宮崎県高城国民学校の昭和二一年度（戦後だぜ！）の日誌があるが、天長節、明治節（祝賀会後に大運動会）、一月一日、紀元節（儀式後に演奏会）の四大節にはきっちり儀式が行われていた。戦争が終わっても教育は戦後になっていなかったということだ。

そういえば、これらの祝祭日って今も名前を変えて続いているのがいっぱいあるね。みどりの日や文化の日がかつて天長節だったって今の子どもたちは知らないみたいだし…。あっ、もうじき紀元節だぜ。心の準備を…。

一一　御真影に拝礼！

みなさん、有意義な紀元節をすごしましたか？　僕は〈この日はぜったいに仕事をしなければならない〉という課題を自分に課していますので、当然祝日にはしません。僕は大学の教員であります。法人化以降の国立大学は教育は大学の重要な仕事である、として学生の教育を重んじますし、研究は個人評価の基本だとか言って点数化しては私たちの人物評価に持っていこうとしています。しかし、僕は教員になってからというもの学生の教育に対する熱意を欠かしたことはありません。殊に紀元節の日は祝日でも何でもなくいつものように学生諸君との人間関係を深めるというもっとも重要な仕事をします。ですからこの日はいつも深酒が過ぎて……。

それはともかく前項で述べたように祝祭日というのは子どもたちを学校に集めて儀式をやる日だった。そして最初決められた儀式は「御真影」拝礼、教育勅語奉読、校長訓話、祝祭日唱歌斉唱という内容で進めるものだったのだ。ところで「御真影」って何だろうか。これは実は天皇の肖像写真のことだ。まずは天皇の写真に深々と礼をしたところで校長先生が教育勅語をありがたく朗読する。その後校長先生から教育勅語に関するありがたいお話があり、その日のテーマソングとなる唱歌を歌って儀式が終わるのである。

その「御真影」だが、天皇の写真というのは明治のはじめくらいからあちこちに配布されてはいた。しかし、それを儀式に使うといった用い方はされてはいなかった。というより、民間では明治天皇の肖像はふつうに売り買いされていたのである。明治一五年六月二六日付の「東京日日新聞」には「聖上両皇后宮の御像を石版または油絵彫刻等に造り各営業人の店頭へ差し置き候て諸絵草紙、各書画類と一般に売り捌き候ては不都合なりとて…（天皇夫妻の肖像を石版や絵や彫刻にして店先で絵草紙や書画と一緒に売買するのは好ましくないので…）」ということで警察が業者に注意をしたという記事が載っている。宮内省は天皇の肖像が売り物になることはもちろん、商品となった肖像が街頭で踏みつけられたり、くしゃくしゃにされたりすることには我慢ならなかったようである。しかし、まだテレビも映画もなく、新聞だって写真の載っていない時代のことである。当時の国民はほとんど天皇というものを見たことがなかった。だから、そうやって印刷される天皇の肖像というのは実は本物の天皇を描いた肖像（しょうぞう）画というより、天皇の想像（そうぞう）画だったのである。だから宮内省や警察が取り締まろうとしても説得力はなかったところがつらいところであった。新田和幸氏の研究によれば天皇の肖像というのは御守りとかブロマイドのようなもので、それを持っていると御利益があるというふうに考えられていたようなのだ。しかもこの俗っぽい天皇人気は学校での儀式の中で使われるようになる明治二〇年代初頭にピークに達し、明治二四年には宮内省はなんと天皇の肖像の販売を黙認することになったのだという（「一八九一年文部省による尋常小学校への「御影」普及方針確定の経緯」）。尤もこういう俗世間的な天皇人気を一方で利用するのは天皇を認知させるにはいい手であったのかもしれない。

ところで、「御真影」というのは「皇族の公式肖像写真に対する尊称的通称」（『続・現代史資料八　教育一』佐藤秀夫解説）であって、宮内省の公式名称は「御写真」という。つまり、「御真影」とは天皇の写真だというふうに思うのがふつうだろう。しかし、驚くべきことにいちばんよく知られている明治天皇の「御真影」だが、実はこれは明治天皇を写した写真ではなくて絵だった。描いたのはイタリア人御雇い彫刻家キヨッソーネ（Chiossone,Edoardo）である。キヨッソーネは大蔵省印刷局創設以来の御雇い外国人で、紙幣、切手、印紙、公債などの原版を彫刻していた人物である。彼の描いた（彫った）明治天皇の肖像を日本人写真師が撮影したものが明治天皇のもっとも普及したと言われる

「御真影」であった。実写でなかったのは実物の明治天皇は見かけが貧相であったからだという風説もあるが、真実はわからない。明治二四年七月一九日付の「日本新聞」には帰国するキヨッソーネを送る記事の中で「因に記す同局に於ては此程畏き辺りの御肖像調整中の趣にて、氏は最も精神を凝らし、目下彫刻中なりといふ（ところで、大蔵省印刷局では天皇の肖像を作成中で、キヨッソーネ氏は最も尽力し、現在原版を作っているところである）」と報じており、「御真影」が〈絵〉であることはどうも秘密ではなかったようだ。

一二　御真影は命より重くて

明治二九（一八九六）年六月一五日、三陸海岸を大津波が襲った。中でも岩手県の死者は二三、三〇九名にのぼり、この大津波の犠牲者は日清戦争の戦死者を上回ったという歴史的な大津波であった。もちろん学校も多く被害にあった。上閉伊郡箱崎村の箱崎尋常小学校もその一つであった。この小学校の訓導（教員のこと）栃内泰吉は津波の報を聞いて家族を避難させると学校に向かった。そして御真影を身体に紐でくくりつけたところで津波に呑み込まれたのである。栃内は翌日瀕死の状態で救出されたが、一七日になってついに息絶えたのである。しかし、「御真影ハ絶命スル迄身辺ヨリ放タズ奉護シ為ニ御真影ハ安全ナルヲ得タリ」と御真影は身体に括りつけてあったために無事だったと記録されているが、津波に巻き込まれて濡れたり汚れたりはしなかったのであろうか。やや疑念は残るが、おそらく日清戦争後の国威発揚の文脈の中でそこには触れずに話は広まっていったのだろう。実際、世論の一部にはたかが写真のために命を犠牲にするのではなく、生き長らえて実際に国家に尽くすべきではないか（例えば徳富蘇峰主宰『国民新聞』）、という意見もあったのだが。

しかし、世論は栃内の行為を美談にするべく、こうした意見を押し潰していった。すなわち、御真影に殉ずるのは理屈ではなく感情なのだ、この感情こそが国民として大切なのだ、と（例えば『教育時論』など）。こういう感情に訴える論法というのは戦前日本のあらゆる部分に表出している。いや、戦後だって捨てたものじゃない。部活やらでもそんな精神主義がけっこうまかり通っているんじゃないですかねぇ。「大切なのは理屈じゃあない、気持ちなんだ。」……なんてね。

とは言え栃内訓導の殉死はおそらく御真影と命を共にした最初の事例であり、御真影が命と引き替えになるだけの価値があるものとして心情的に位置づけられていく役割を果たしたということになるであろう。美談が市民的世論となっていく過程を見ると、現在も私たちは感情にふりまわされて動いてしまうことを重々反省しなくてはならないだろう。「同和」教育も感情や心情に依存する傾向がなくもない。気はつけた方がいいと思う。

ところで、御真影は当初学校内に奉置することとされていたのであるが、木造校舎ばかりであった当時において学校は常に火災の危険にさらされていたので、耐火性に優れた奉安所が求められた。そういうわけで金庫のように火災に強い奉安所が普及していった。ところがこれには問題があったのだ。僕はかつてある県庁文書の中に「始末書」の束があったのを見たことがある。それらはいずれも御真影にシミをつけてしまったという反省文に満ちていた。ある学校が昭和六（一九三一）年にしたためた始末書には「当校ハ金庫式ノ奉安箱」を使っていたとあり、その密封性がアダとなってシミが生じたのであろう。金庫式としたのは防火上の配慮であったのだろうが、それが裏目に出たということだろうか。そのような必然的な物理現象ですら始末書を書かされるのであるから精神主義というのはまったくいやはやである。

やがて、そういう問題を抱えた奉安所は学校内から学校外に別置されていくようになる。その契機となったのが中島校長殉職事件である。どういう事件かというと、大正一〇（一九二一）年一月六日に長野県埴科郡南条尋常高等小学校で火災が発生して中島仲重校長が殉職したという事件だ。火災の発生を知るや中島校長は二階の宿直室にあった御真影奉安所をめざして猛火に包まれた階段を駈け上ったが、階段はそのまま焼け落ち中島校長も焼死してしまったのである。何で二階に御真影があったのかというと、御真影を神聖化するあまり、子どもたちがその上を走り回るのは不謹慎であるとして二階に奉安所が置かれるようになっていたのだ。屋根の上で鳩が糞をしているのはいいのだろうかと思うが、そういうチャチを入れたくなるほど滑稽な発想だと言えようか。そしてこのことが中島校長殉職という悲劇をもたらしたといえる。つまり、この事件から学校関係者が学んだことは、御真影を奉安する場所は耐火性に優れるばかりでなく、避難しやすい場所でなければならないという教訓であった。それで学校内を学校の敷地内という理解で拡大解釈し、敷地内に神殿風の奉安殿を設けることがこの事件以降流行しはじめ、一九三〇年代には主流となっていった。

ところでもう一つエピソード。御真影を不慮の事故から守るにあたっては物的設備のみならず人的警備も必要になってくる。そこで常に教職員がこれを管理するために日直宿直の制度が実施されるようになったというのだ。このことは是非とも覚えておいてほしい。現在も学校を警備するという発想があるが、もとより御真影警護が出発点だったのである。現金が置いてあるとか、試験問題が置いてあるとか言うかもしれないが、それはちがった方法で守れることだし、不審者を締め出すとかいうのは別の問題であろう。まあ、当初の理由がいつしかすりかわっていくことはよくあることで、殊に学校においてはよくよくあることとみたいだ。

参考文献　『続・現代史資料八　教育一』（みすず書房、一九九四年）
岩本努『「御真影」に殉じた教師たち』（大月書店、一九八九年）

一三　御真影が盗まれた！

ところで、御真影が実際に火災とか盗難にあった場合はどういうことになったのだろうか。その他の実例を見てみよう。

時は大正五（一九一六）年二月八日朝七時をいくばくか過ぎた頃、場所はM県T村広原尋常小学校（仮称）、事件は発覚した。この朝、宿直明けの森田宏三校長（仮名、以下登場人物はすべて仮名）は朝七時くらいから校内の見回りをしていたが、その際に奉安室に異変を認めた。なんと「御真影」が盗まれていたのである。森田校長は「周章狼狽恐懼措ク能ハス」という混乱ぶりで、とりあえず「児童ニ秘シテ」校内をくまなく探したが見つからず、午後三時頃にようやく郡役所に届け出た。郡役所から県庁と所轄警察署に連絡が行き捜査が始まったのである。話は校長の不安をよそに大きくふくらんでいった。校長には奉安所に関して彼自身の不始末がまだあったのである。実は奉安所には「御真影」とは別に「日露戦役戦利品」の小銃が二挺保管してあった。その内の一挺がやはり前年末頃に盗難に遭っていたのだ。盗まれた日時はわからない。一二月一七日にたまたま小銃が無くなっているのが発覚したということであって、まったくずさんな管理体制であった。しかも、森田校長はそのまま知らぬふりをして事態を放置していたという無責任さであったから呆れてモノも言えない。だからこの「御真影」の盗難は起こるべくして起きたことであって、当然のことながら校長としては大失態だったと言える。今回もまずは事の発覚を恐れて通報が遅れているし、保身のためにまずいことはとりあえず隠蔽するというこの校長の小心翼々とした体質がわかるだろう。いつの世も変わらぬ中間管理職の小心さと言ってもいい。もしも僕がその校長だったらと考えると同情も禁じ得ないけど…。

で、警察の懸命の捜査にもかかわらず犯人は見つからなかった。関係者はそれぞれ「手続書」（始末書みたいなもの）を提出して処分を待つことになった。

はたして三月一六日に下された処分は以下の通りであった。

森田校長についてはまず日露戦役戦利品中小銃が一挺盗まれたことについて一二月一七日に偶然発覚するまで全く気付かなかったというのは平素の取締不行届であったこと、そしてそのように奉安所が荒らされたにもかかわらず校内の取締を等閑に付していたことが原因で、しかも自分の勤務中に「御真影」が盗まれたのは職務怠慢である、ということで一ヶ年間月俸五分の一減俸の処分となった。また、T村助役で村長代理であった丸野源五郎は管理不行届を問われて過怠金一〇円の処分、たびたび広原校を視察しているにもかかわらず奉安室の不備に気づかなかった郡視学の中村尚之は職務怠慢として譴責処分、一週間前に同校を視察した際に不備を見落としたとされる県視学の川野弥平は「将来篤ク注意スヘシ」として訓告処分とされた。また、彼らの上司である県内務部長、県視学官そして郡長の三名についても手続書を差し出させ（郡長は進退伺）、内務大臣の判断を仰いだのである。

この事件は少なくとも県内務部長まで責任が問われ、知事が内務大臣に始末書を出すことになったことで事の大きさがわかるだろう。とはいえ命と引き替えにするほどのことでもなかったのだから前項で殉職した人は運が悪かったのかもしれない。

ところで二年後、事件は唐突に解決した。大正七（一九一八）年五月七日、「稟性大胆ニシテ平素常人ノ企及スヘカラサル窃盗暴行其ノ他ノ不良行為尠カラス深ク注意中ナリシ（日頃悪さをしているので目を付けていた）」広原尋常小学校の卒業生（一五歳、事件当時尋常四年在学）を「他人ノ犬ヲ使嗾シテ同部落ノ少女ヲ咬傷セシメタルヲ機トシ巡査駐在所ニ同行（他人の犬をけしかけて女の子に噛みつかせたので交番に連行）」したとして連行し、尋問したところ小銃及び「御真影」窃盗の件を自白したというのだ。理由は「一月一日ノ拝賀式ニハ距離遠クシテ明カニ御影ヲ拝スルヲ得サリシヲ以テ陛下ハ如何ナル御顔ナルヤ之ヲ親シク拝セムトノ念慮」から二月七日夕刻に奉安室に忍び込んで「御真影」を盗み出したが、発覚を恐れて燃やしてしまったという。小銃は一一月あたりに盗み出し、しばらく兵隊の真似などして遊んだ後で薮の中に隠していたが、そのうち誰かに持ち去られたというのだ。

興味深いことに真犯人が子どもとわかったところで、処分が保留されていた郡長は訓告、内務部長と視学官についてはその筋から不問に付すように通知があって責任は問われなかった。ちなみにこの二人はいわゆるキャリア組で既に内務部長はN県内務部長に、視学官はY県理事官に転出して恙なくその後の官僚人生を堪能していた。お役人の世界はいつの世も……。

一四　殉職という美談

話を再び殉職に戻そう。御真影を守るために殉職した女性教員の第一号は杉坂タキという二三歳の教員であった、とされる。大正一二（一九二三）年九月一日正午直前、あの関東大震災が首都圏を襲った。震源地は相模湾北部の地点であったから杉坂訓導（現在の小学校教諭）が勤務していた神奈川県足柄下郡酒匂尋常高等小学校の築後三〇年の校舎は瞬時にして崩壊し、まもなく中央校舎及び西部校舎は全焼してしまった。出火原因は職員室内にあった理科薬品戸棚が崩壊して黄燐ナトリウムなどからの発火だという。もちろん職員室は中央校舎にあった。御真影を納めた奉安所は職員室の北側の窓の上にあり、台にのぼらないと取り出せない高さにあったという。地震が襲ったとき職員室にいた教師たちはちりぢりに逃げ出したのだが、この時杉坂タキは逃げ遅れて落命したのである。

杉坂タキが殉死女教師として評判となったのは昭和一二（一九三七）年一〇月三〇日に行われた第二回教育祭において教育塔に杉坂タキが合祀されたことと、そしてこの年に帝国教育会が発行した『教育塔誌』にあまりに感動的な彼女の死に様が描かれていたことによる。『教育塔誌』には杉坂タキについて「大震災ニ際シ日直トシテ勤務中大震ニ遭ヒ御真影奉安所前ニテ『御真影御真影』ト叫ビツツ一死以テ奉護シ猛火ニ包マレテ殉職ス」と記されている。奉安所の前で「御真影！　御真影！」と叫びながら猛火に包まれて殉職したという何と壮絶で麗しい最期ではないか。他の殉職者の紹介記事はもっと簡素に合祀の理由が記されているだけであり、このようなセリフ入りで感動を煽る文は他には見あたらない。その結果、杉坂タキはまさしく御真影に殉じた美談の主人公となり、美貌の女性教師の殉職譚として語り継がれていったのである。こういう死を遂げるとなるとどうしても美人でなくてはならないらしく、杉坂タキも美人教師として伝説化していった。それもこの時代のなせることであり、今ならばジェンダーバイアスのかかった評価だろう。

ところがどうもこれは真実ではないようなのだ。もとより、「御真影！　御真影！」と叫んで焼け死んでいったのならば、それを目撃していた人も無事では済まなかったと思うのだが…。そのあたりの眉唾的なところに気がつかなかったこともおかしいと言えたのだが、現実にそのように記述されてしまったのである。実際には彼女は職員室を出て小使室の前で焼死体で発見されているし、焼ける前に圧死していたということであった。

つまり、御真影とは離れたところで御真影のことを考える余裕もなく死んでいったのが真実に近いし、彼女の周辺ではその死はほとんど御真影焼失と結びつけては考えられてはいなかった。それをかくも美化して『教育塔誌』に描かれたのはいったいなぜなんだろうか。

岩本努氏が丹念に当時の関係者を調べているが、杉坂タキがそのように美化されていった経緯はおろか、当時はその事実すら関係者には知られていなかったという。唯一当時の校長の書いた日誌（「学校日誌」ではない）にのみ彼女が奉安所の近くで死んでいたと記されているのだそうだ（事実とはちがう）。この日誌（岩本氏によれば校長の御真影消失責任回避の弁明書と考えていいそうだ）が杉坂タキ殉職美談が生まれた根拠のようなのだ。岩本氏は「死者はもとより校長や遺族にとっても最もよいという〝善意〟の処置からまかれた種であったろうが、時代の潮流の中で自己増殖し、ファシズムの嵐の中で〝急成長〟を遂げていった」と結論づけているが、必ずしもそうとは思えない。

なぜなら、杉坂タキが合祀されたのが第二回の教育祭であったという不自然さである。教育塔の落成式とともに行われた第一回の教育祭では合祀された教職員は一三七柱、児童生徒は一四三五柱であり、翌年の第二回教育祭では合祀された教職員二七柱、児童生徒一二八柱だった。杉坂タキは第二回の教育祭で教育塔に合祀されている。杉坂タキが

殉職した関東大震災では多数の死者を出しており、多くの教職員が合祀されている。第一回教育祭では一四名が関東大震災の犠牲者として祀られ、そのうち八名が御真影の守護による殉職だった。しかし、第二回教育祭では関東大震災関係の殉職者は一三名と前回同様ではあるが、祀られた教職員は二七名に過ぎず、関東大震災の殉職者はそのうち半数近くになっている。にもかかわらず、その中で御真影にかかわったのはなんと杉坂だけであった。杉坂タキだけが特別扱いされたのはなぜだろうか。そこには日誌を書いた校長も関係なくもっとちがった作為があったと考えられる。

　もうひとつ関係者とは関係のない意思が杉坂タキの伝説づくりにかかわっているよ

うに思えるのだ。そして、教育塔なるものが一九三〇年代という時代を象徴し、そこに彼女を合祀することが非常に大きな意味を持っていたことの証であろう。うら若き（しかも美人の）女性教師が「御真影！　御真影！」と叫びつつ業火に焼かれていったというドラマが人々に感動を与えていったことはまちがいないし、その効果は実に大きかったのだ。

参考文献　岩本努『「御真影」に殉じた教師たち』大月書店

一五　教育塔について

ところで、彼女を祀り、美談のヒロインへとまつりあげていった教育塔とは何だろうか。実は昭和九（一九三四）年に関西を襲った室戸台風で学校が被害を受け、大阪地方で教員一八名、児童六七六名が死亡した。大阪市教育会がその慰霊の記念碑を建てようとしたのが発端であった。その計画を帝国教育会が全国規模の事業とし、天皇の下賜金や国の補助金、さらに児童や教員からの募金も集めて昭和一一（一九三六）年に建立した塔である。場所は大阪市内であったが、目的は室戸台風の犠牲者慰霊碑という次元から拡張し、教育にかかわる殉難・殉職者を祀ることになった。だから、教育塔落成式と第一回の教育祭は教育勅語渙発記念日である一〇月三〇日に開催され、室戸台風の犠牲者のみならず、例えば日清戦争直後に起きた芝山巌（しざんがん）事件（台湾総督府学務部員が住民の抵抗により殺された事件）の犠牲者などの国家の教育に殉じた人々を祀るということになったのである。以後教育祭は毎年一〇月三〇日に行われ、「学制」以降の学校教育現

室戸台風にちなんでか、子どもたちを救出しようとする教師を描く

場での殉職教職員と殉難児童生徒を合祀している。そういうわけで教育塔は戦時体制下において教育の「靖国」の役割を果たしたのである。殉職・殉難という発想は人間の死を尊ぶようでいて、実は人間の死を不純な目的に利用するということではないだろうか。

教育塔は現在も大阪城公園内にあり、教育勅語を奉読するレリーフも台座の真ん中に並んである。写真で見ると台座の上に三つ四角く見えるが、中央が中に入る入り口で両脇がレリーフだ。そして毎年一〇月三〇日（教育勅語渙発記念日）に日本教職員組合主催によって教育祭が盛大に実施されている。その回数も一九三六年から、もとい昭和一一年から通して数えられている。

ところで教育塔は大阪城公園城南地区西側にある。地下鉄だと谷町四丁目駅が便利。案内の看板も立派なのが立っているからすぐわかる。ホンモノの教育塔は実に威厳のあるものだ。高さ三六m、平面積三三〇m²っていうから自分の家と比べてみるがいい。そびえ立つ塔の底辺の部分は合祀室になっているのだろうが、中央に入口があり（もちろん入れない）、その左右にレリーフが掲げられている。塔の設計もレリーフの製作も公募によるものであった。

レリーフの制作者長谷川義起氏の言によれば「静を常として、動を非常時の気分で構想し、「静動二相の中に教育者の抱懐する教育尽忠、教育報国の大精神を芸術的に顕現して見よう」という意図に基づくものであった。向かって左側が動を表現したもので、この教育塔が建立されるきっかけとなった室戸台風にちなんでか、「教育者が教へ子を背負ひあるひはその手をひいて、暴風雨をものともせず、児童を誘導しつゝ避難する有様」を描いている。静は「講堂内の式の状況に象どり、校長先生が訓示してゐるところを構図した」という。「初めの試案は、校長先生が教育勅語を奉読する場面を考へたのであるが、あるひは抵触することを慮り」結果的に「訓書清読」を描いたという。しかし、「訓書清読」などというものは行われるわけもなく、見たとおりこれは「教育勅語奉読」そのものであると考えていい。それにしてもこれらのレリーフは予想以上に大きかった。

教育勅語を奉読する校長とオルガンの前に立つ女教師。そして、整然と並び奉読を聞く子どもたち。

僕の身丈よりもはるかに大きく、迫力がある。

戦後、日教組内部でも大日本教育会から教育塔を引き継ぐにあたりその存廃をめぐって論争があったようだ（日教組「週刊教育新聞」第二二号　一九四七・一〇・一五　但し教育塔を考える会『教育の「靖国」』所載のものを参照）。廃止論は教育塔を軍国的教育の元締めであった大日本教育会の宣伝道具であった教育塔を廃棄し、平和的、民主的な見地から死をもって教育の良心を護った真の教育者の記念碑を教組の手によって新設すべきだという考えであり、存置論は過去の教育は軍国主義的な面もあったがいい面もあった。教育塔は教育の犠牲者となった先輩教育者を祀ったもので、教育会の遺したいいもののひとつである、という主張であった。

創設当時の教育塔規程によれば学校職員表彰規程第一条に該当しそのことで死亡した者、すなわち「学校職員ニシテ自己ノ危難ヲ顧ミズシテ職務ニ尽シ其ノ所為教育者ノ亀鑑為スモノ」が殉職した場合合祀の対象となった。現在では「教育活動中に死亡した教職員・保護者・教育関係者の方々」が審査によって「合葬者」になれる。

同じ城南地区の東側には大阪国際平和センター（ピースおおさか）があって、いい展示をしている。ぜひ教育塔と合わせて見てくるといいだろう。

（参考文献　教育塔を考える会『教育の「靖国」』樹花舎）

一六　修学旅行に行こう！

時々空港や駅などで修学旅行の一行と出会うことがあるけど、傍から見ると実に気色の悪い集団に見える。旅行なんだからラフな私服でよかろうと思うのは一般社会のフツーの人間の感覚であって、学校のなかにいると、こういう時こそ制服を着せなくてはならないように感じるらしい。真っ黒い制服の集団ってけっこうそれだけで威圧感があるし、それを束ねる実にラフなジャージ姿のいかつい男がヤクザまがいの怒声で威嚇しているのをまのあたりにすれば誰でも多少はたじろぐというものだ。学生服が軍服だったっていう話が実にリアリティをもって感じられるのがそういうときだ。

ところでこの修学旅行というのは師範学校の教育の中から始まったものだ。しかも、修学旅行の際に制服を着せたがるのも実は意味のあることなのである。そのあたりの事情をまずは紹介しよう。

明治一〇年代の終わりころヨーロッパでの勤務を終えた森有礼は文部省に入り、兵式体操（兵士としての訓練）を師範学校で行うように指示を出していた。そして、森が文部大臣となった頃には高等師範学校では「軍隊に倣つて行軍旅行を為すべしとの議」（東京文理科大学・東京高等師範学校『創立六十年』一九三一年）が関係者の間に起こったという。行軍というのは『広辞苑』によれば「軍隊が隊列を組んで遠距離を移動・行進すること」である。しかし、行軍旅行の導入に対して当時の教頭であった高嶺秀夫はちょっと反発したくなった。

この高嶺秀夫は文部省の命で教授法研究のために米国オスウィゴー師範学校に留学し、当時米国で大流行していたペスタロッチ主義の教授法を持ち帰って「開発主義教授法」として全国に普及させて教育史上に名を残した人物である。「開発主義」の理念は「活潑ハ児童ノ天性ナリ　動作ニ慣レシメヨ　手ヲ習練セシメヨ」「自然ノ順序ニ従ヒテ諸心力ヲ開発スベシ　最初心ヲ作リ後之ニ給セヨ」（若林虎三郎・白井毅編『改正教授術』明治一六年刊行　ちなみに編者の若林、白井は高嶺の直弟子であり、この本は開発主義の代表的紹介書である）というように子どものなかからいろいろな力を引き出していく（つまり開発の）原則に基いており、教授法としても教育観としても注入主義を本旨とする軍隊的教育方法とはどうしても相容れるとは思えない教授法であった。

だから高嶺は自ら教頭を勤める東京師範学校に次々としかも強引に軍隊色が持ちこま

れるのが不本意だったのだろう。行軍旅行を実施するようにという指示があったとき「行軍を行うだけというのは我が校教育の趣旨から見ておかしいじゃないか。当然のことながら学術研究という目的を持つ旅行でなければならないだろう」という教育的判断を東京師範学校の教員たちに示した。そうして各教科の教員にも旅行の引率をさせ、行った先々で生物や鉱物の標本採集とか史跡探訪などといった「学術研究」の要素を採り入れ、これを「修学旅行」と名づけたのがコトのはじまりである。教育者の意地を感じさせる。

この修学旅行はすぐに全国に広まった。翌年の『文部省年報』では修学旅行というかたちで地理の探求や動植物の採集、実地写景そして発火演習など学術研究と行軍を合わせて行うところがほぼ全国の師範学校で行われており、非常に有益である、と報告している。

とはいえ行軍であることにかわりはない。明治一九（一八八六）年夏に行われた高等師範学校の行軍旅行は生徒六一名を「三小隊五半小隊十二分隊に編制し中隊長小隊長は兵式体操教師之を担任し半小隊長分隊長は生徒交番之を務め伊藤曹長之を引率し」（『教育時論』第五十号）たという。行軍旅行には軍服が、もとい学生服がよく似合うようだ。

一七　再び、修学旅行に行こう！

修学旅行の始まりは師範学校で行われた行軍だったことを前項で紹介した。

ところで、東京法令出版から佐藤秀夫編『日本の教育課題　5　学校行事を見直す』という本が刊行されている。このシリーズは日本の教育課題に関する史料を集めたもので、ぜんぶで一〇巻からなる。そしてこの巻が完結編となった。実はその中の「Ⅲ　系譜」の「第3章　遠足・修学旅行の歴史」の解説を僕が書いているのだ。それなら『ウィンズ』（福岡県人権・同和教育研究協議会が発行する雑誌）の「わがまま書評」にでも採り上げてもらえばいいのにと言われるかもしれないけれど、あの書評子は軽佻浮薄の感があってこうした学術書の紹介にはなじまないからね。学術書のようだけど、この本はきちんとした史料に適切な解説を加えて編集したもので、総合的な学習にバッチリ活用できる本だと思う。ぜひ学校の図書室に購入していただきたい（もちろん全一〇巻とも）。

で、修学旅行の濫觴とされるのは明治一九（一八八六）年二月に東京師範学校で実施された長途遠足であった。これは前年五月に「文部省より、試に兵式体操を実施すべき旨の示達ありし……同時にまた軍隊に倣つて行軍旅行を為すべしとの議が起つた」ところに端を発し、房総地方への行軍旅行を行ったのが嚆矢とされる。この年に行軍形式の長途遠足はいくつかの師範学校で実施されている（今でも鍛錬遠足ってやってるよね）。しかし、最初に「修学旅行」と銘打った旅行を行ったのは翌明治二〇年三月に高等師範学校（元東京師範学校）が「七月十六日より九月十日までの中」に「三十日以上」行うと定めたことに始まる。この規程に基づいて同年八月六日～九月四日のほぼ一ヶ月にわたって行われた修学旅行が文字通り最初の「修学旅行」なのである。この時は「生徒をして銃を肩にし剣を帯びしめ、酷暑を犯して信甲駿相の山地を跋渉せしめた」（以上、東京文理科大学編『創立六十年』）ということまでわかっていたが、実はこの修学旅行に参加していた生徒の日記が出てきたのでその全貌が明らかになった。日記を書いた生徒は平澤金之助という後に中学校長を歴任した人物で、福岡に在住のお孫さんが所蔵されていた。どういう旅行であったか、関東地方の地図を広げて見てくださいな。

まず初日は早朝三時半に起床し、四時半に出立する。もちろん徒歩で上野駅に向かい、上野六時発の汽車に乗り、一一時一五分に横川駅に着いた。知る人ぞ知る「峠の釜飯」で有名な駅だ。そして正午に坂本という町に到着する。平澤はこの町の印象を「群馬県碓氷郡ニ属シ寂寥タル一市街ナリ」と書き記している。翌日は四時起床で、五時に出発し一〇時半に沓掛（沓掛時次郎で知られたところ。えっ！知らない？長谷川伸の名作だろう）に至る道のりであった。基本的に早朝に出発し一五〜二〇㎞を行軍し、暑くなる前に目的地に着くという行程をとった。まずは浅間山登山から試練は始まるが、濃霧の中をさまよい「子孫百代ニ至ル迄誓ツテ此険ヲ踏ム可カラズ」とその恐怖をこぼしている。その後、千曲川河畔での軍事演習のデモンストレーション、葡萄酒工場の見学（甲府）、日蝕観察（於黒駒村、もちろん黒駒の勝蔵の出身地で有名。えっ！知らない？清水次郎長のライバルだよ）、富士登山などの「修学」活動を実施しつつ箱根に到達したのが八月二四日であった。ここにしばらく滞在し、生物の採集や近隣の探索をしたり、休業日にはトランプ遊びなどに興じたりというのんびりした時間を過ごしている。そして小田原を経て国府津から汽車に乗り、九月四日九時五〇分に新橋に到着。学校に戻ったのが一一時頃であった。この間ずっと行軍していたのかというとそうでもない。通常はテロンテロン歩いて移動し、村や町が近づくとバシッと隊列を整えて行進したというから、そこは人のやることだね。

とは言え、実際に群馬、長野、山梨、静岡、神奈川と山の中を徒歩で移動するのはたいへんなことであったが、この長途行軍方式の修学旅行はたちまち全国の中等学校に普及していった。何でかっていうと、常に上を見て、横並びをしていく体質はこの頃には存在していたということだ。高等師範がやれば、各地の師範学校がやり、各地の中学校がやるといった連鎖反応が起きたのだ。今もそうした体質は変わらない。無能な人ほど常に上を見て、横並びをしていくことをモットーとして生きているのだから。

（参考　新谷恭明「日本最初の修学旅行の記録について」『九州大学大学院教育学研究紀要　第四号』二〇〇一）

一八　再々、修学旅行について

前回、修学旅行について書いたら、いつもの毒気がない、というご意見をいただいた。う〜む。僕は批評家じゃなくて実直な学究なんだけどね。こうなったら意地になってマジな話を続けてやろう。

日本で最初に行われた修学旅行は行軍に端を発していた。日本の教育は軍隊のシステムが導入されることで目標を明確にしたと言えよう。

この行軍形式の修学旅行はすぐに全国に広まったと前回の話を結んだけど、本家の高等師範学校では様子が少しちがった。最初の修学旅行の翌年、すなわち明治二一（一八八八）年七月二〇日〜八月二三日に実施された修学旅行はおかしなことになっていた。何となれば理化学科の教官は皆用事があって参加できないといい、そのため理化学科の生徒は一名だけが自由参加で同行することになった。他の生徒は避暑旅行とか帰省とかでいなくなってしまったというのである。結果的にこの日記の著者が在籍していた博物学科の教師と生徒それに新設の文学科の生徒が加わるという変則的なものになってしまったのだ。行き先は越後から会津、つまり新潟県から福島県を廻って帰るというもので日誌のタイトルも『会越游記』としている。

ところで、この年の旅行について日誌の執筆者平澤金之助は「本回は生徒乃扮装全く従来と異なりて専はら修学の目的を遂げしめんかため銃創等を携帯せず唯旅中に必用なる襯衣靴下及び他の不要品を運搬する為め背嚢を担ひたるのみ」と記している。つまり、今回は「修学」に重きを置いたので、行軍のような軍隊的装備はしなかったというのだ。当然「軍紀ヲ固執スルモノニ非レバ行歩ハ多クハ随意ニシテ遅緩休歩其意ニ任ジ（軍紀にはこだわらないので疲れたら休むのも気分次第）」ていた。本家本元では早くも行軍離れを起こしていたのである。移動は気分次第なので一日に七里（約二八㎞）を歩くこともあれば、二里程度にとどまる日もあった。前回は文部省が事前に行き先の各地方役所等に連絡をしてもらっていたので行く先々でかなりの好待遇を受けていたのだが、当然この年は文部省の協力は得られず宿舎や休憩所の手配は自前だったので不都合もあったようだ。しかし、彼等は実質的な「修学」のための旅行に挑んだ。交通機関が未整備なので徒歩旅行となったのは止むを得ないものの「修学」を全面に掲げた旅行となった。

実際、日誌には毎日のように「修学」の記録が記されている。学科によって修学の内容は異なるので学科ごとに別行動をとることもあったし、平澤の在籍する博物学科も二チームに分かれ一方は「岩川教諭ニ随テ甲虫及蝶ヲ採集」し、もう一方は「斎田教諭ニ随テ植物ヲ採集ス」というように自然観察のための作業に勤しんだ。そしてしばしば「農業上観察報告（大内教諭）」「地質学上観察報告（西教諭）」と称する教師による授業があった。

ところで、この修学旅行、実はたいへんな自然観察が予定されていた。何となればこの年の七月一五日、つまり出立する五日前、会津磐梯山が噴火していたのである。磐梯山は有史以来八〇六（大同元）年とこの一八八八（明治二一）年の二度大爆発を起こしているのだ。その噴火を記憶に留めるべく現在磐梯山の麓（北塩原村）には磐梯山噴火記念館があるのでぜひ行ってみるといい。そのくらいの大噴火だったのだ。そして高等師範学校の第二回長期修学旅行はなんとこの歴史的な大自然現象の観察が目的だった。八月一四日、一行は猪苗代町に到着した。ここでまず宿屋の主人から噴火の様子についてかなり詳しい話を聞き、翌日に現場を実検している。実際に現地の地質学的な観察を行っているが、それ以上にまのあたりにしたのはここに暮らしていた人々に突然訪れた悲劇の数々であった。平澤はそうした被害の現状もつぶさに観察して記録にとどめ、この日の記録は二一頁に及んでいる。実際にこの噴火がどのように凄かったかがよくわかる。

どうやら磐梯山の噴火を知ってすぐに修学旅行の計画は（おそらく）変更されたのであろう。「修学」とはまさに今そこにある問題から学ぶことであったのだ。

一九　修学旅行と物見遊山

復習：修学旅行は軍隊の行軍を学校に持ち込んだものを高等師範学校の教頭だった高嶺秀夫という人が学術研究という教育的要素を加味することでその名が付いた（二六「修学旅行に行こう！」）。軍隊のシステムを強引に教員養成に押しつけようとした政策に対して高嶺は教育の論理を貫いたのだ。ちょっぴり反骨の気概を感じるだろう。職場でもこういう上司を持ちたいものだね。

であるから草創期の修学旅行は行軍の要素と学術研究の要素をともに備えた行事であった。これが全国の学校に普及していったのである。ところが、この修学旅行にご時世が影響を与えていくのである。昨今でもＩＴ化の急速な進展でパソコンなしで仕事はできなくなってきている。ちなみにこの一〇年で僕の仕事のしかたもぜんぜん変わってしまった。

それと同じことがこの時代にも起きていたのだ。それは交通手段の発達だ。鉄道網は急速に広まり、旅行の基本は汽車ということになってきたのである。例えば九州鉄道（現在のJR九州の祖）が九州で初めて鉄道を敷いたのが明治二二（一八八九）年一二月に博多―千歳川仮駅（筑後川が氾濫して橋の工事が遅れたための仮設駅。翌年三月に久留米まで開業）間の開通であった。これが明治二四年には門司―熊本に延長し、明治二八（一八九五）年に小倉―行事（現行橋）間が開通し、明治二九年には熊本―八代間が、明治三〇年には鳥栖―早岐間が開通し、明治三一年には佐世保、長崎まで開通した。ほぼ一〇年の間に福岡の人間の汽車による移動範囲は目を見張る広がりを見せたのである。

明治三二（一八九九）年六月に逓信省は鹿児島県私立教育会長からの建議を受けて修学旅行の生徒について二五％から五〇％の割引を行うという措置をとった。これは今でいう学割の始まりなのだが、学割が修学旅行から始まったというのもおもしろい。たった一〇年ばかりの間にそれだけ修学旅行における汽車等の近代的交通機関の利用が一般化したのである。鉄道等の交通機関が発達し、これを利用することによって修学旅行の中身は大きく変わることになる。翌明治三三年の『教育時論』誌には修学旅行の現状を「最近では汽車に乗って移動し、旅館に泊まって観光旅行をしている。修学上得るものもなければ、身体や精神の鍛錬どころか暴飲暴食をするのでかえって身体にもよくない」という趣旨の記事を載せ、修学旅行を見直すように注意を促しているのは修学旅行が本来の趣旨を失っていたことを示している。

手元に明治三九（一九〇六）～明治四〇年に中学明善校（今の明善高校）の首座教員（今の教頭）が行った生徒への訓示の原稿がある。これを見ると「修学旅行ハ物見遊山ニアラズ」として「修学旅行ハ……修学ノ目的ヲ以テ旅行スルモノ即諸子ガ平生勉強ノ欝ヲ散センガ為メニアラズ。学校ニ於テ学ヒタル道徳智識ヲ実際ニ応用スルノ機会ヲ与ヘントスルモノナレハ恰モ軍隊ニ於テ大演習ノ如キモノナリ。之ニ依テ快楽ヲモトメ安逸ヲ貫ハントスルハ甚タシキ不心得ト謂フベシ（修学旅行は修学が目的で日頃の憂さを晴らすものではない。学校で学んだ道徳や知識を実際に応用する場だから軍隊の演習と同じで、楽しもうというのはとんでもないことだ）」と言い聞かせている。実際、この教師は、明善の生徒たちが修学旅行の際にふとんの奪い合いをしたり、なかなか寝ずに放談したり、汽車や船の中で他の客に迷惑をかけたり、旅館のサービスの女性をからかったりというような修学旅行中のわるさを列挙して叱っている。やることはほぼ今の中学生や高校生と変わらなくなっている。交通機関の発達ということがあっという間に学校教育の質を変えたのである。行軍から枕投げまでたった十数年の変化である。どんどん社会の変動が激しくなっている今日、われわれものんびりとはしていられない。

二〇　手本は二宮金次郎

二宮金次郎の像って知っているだろうか。僕が子どもの頃は校庭にあったのを記憶している。働きながら書を読んだ姿から勤勉の象徴として教訓めいた話をセンセイから聞かされたような気もする。しかし、現在では福岡市内の一四四校の小学校中二宮金次郎像が存在するのは一九校にすぎないという（FBS調べ）。

かつては学校にはあったものというイメージもあったが、今ではほぼ淘汰されたとでも言うのだろうか。にもかかわらずこの像は「背負った薪の数を数えると呪われる」とかいうように子どもたちの怪談話でもけっこう人気のあるキャラクターであったりする（FBS調べ）というように学校にはけっこう大切な存在感をもったアイテムなのだ。ここでちらちらと放送局の名が出てくるけど、実は二〇〇四年五月一三日にFBSの「朝ドキッ！九州」という情報番組に不肖新谷が出演して二宮金次郎像の説明をしたのだが、その時FBSが福岡市内を取材してくれたデータだからだ。

ところで、戦前の金次郎像には銅像と石像があった。二宮金次郎が学校教育と結びつくようになったのは国定修身教科書の中で取り上げられたことが大きい。教科書が国定となった明治三七年（一九〇四）以来、ずっと二宮金次郎は修身科教科書の常連であった。尋常小学校の修身科教科書でその少年期の生き方が子どもたちの育つモデルとして持ち上げられているのだ。さらに明治四四年に刊行された唱歌の国定教科書には「手本は二宮金次郎」という歌が載せられ、修身科の内容を要領よくまとめた歌詞で彼の人物像を期待される国民像として子どもたちに見せつけていったのである。

で、その唱歌を紹介しておこう。

一　芝刈り縄なひ草鞋をつくり、親の手を助け弟を世話し、

兄弟仲よく孝行つくす、手本は二宮金次郎

二　骨身を惜まず仕事をはげみ、夜なべ済まして手習読書、
せはしい中にも撓まず学ぶ、手本は二宮金次郎

三　家業大事に費をはぶき、少しの物をも粗末にせずに、
遂には身を立て人をもすくふ、手本は二宮金次郎

なんとすばらしい尊敬すべき少年像ではないか。これを否定する生き方を今、組合運動からでも、「同和」教育からでも示せるだろうか。

この当時、つまり日露戦争後の日本は物心ともに非常に荒廃し、例えば内務省は地方改良運動というかたちで国民教化を展開していた。そして国力増進のために資金を国民から調達するために倹約と貯金が奨励され、修身科における金次郎の実直な生き方はこの時代を生きる格好のモデルだったのだ。まぁ、真面目さが国策に利用されたと思えばいい。それで二宮金次郎像もそうした国策で全国の学校に置かれたものではないかと考える人も少なくないと思う。実際、そういうふうに考えて戦後廃棄されたものもあるようだ。

ところがこの像が普及したのはずっと下って昭和恐慌後であった。一つは富山県高岡

の銅器製造業者たちが不況脱出のために金次郎の銅像を販売した系譜であり、もうひとつは愛知県岡崎の石屋たちであった。彼らは全国小学校長会に実物を持ち込んだり、文部大臣を賛助会員とする「二宮尊徳先生少年時代之像普及会」を組織して営業活動を展開したのである。おりしも金次郎生誕一五〇年（昭和一一年）、皇紀二六〇〇年（昭和一五年）というイベントもあってよく売れ、金次郎像は全国の小学校の校庭を席巻していったのである。それなりの人や団体が地元の学校に金次郎像を寄附するのが流行だったのだ。国にとってはいわゆる満州事変が始まるなど戦費調達のために勤倹と貯蓄の励行が求められる時期でもあって毎日少国民（子どもたち）に語りかける金次郎像の効果は大きかったと言える。浪費（戦争）は国民の爪の先に灯した火で行われたのだ、教育の名を借りて。

しかし、昭和一六年の金属回収令によって銅像のほうは供出させられ、武器弾薬と化してしまったのは皮肉であった。さらに意外なことに戦後も占領軍は金次郎的人物を否定せず、むしろ戦後民主主義のために評価もしていた。だから僕の子どもの頃は石像の方はまだあちこちにあったのだ。徳目というのはどういう立場でも使えるものだというのも事実である。『人権読本』と『心のノート』のちがいが問われるのはこういうところではないだろうか。そんな金次郎像だが、現代では勤倹より消費が美徳だというので人気がないのかな。

二一　石盤に込めた夢

二〇〇五年という年は不幸を背負って始まった。そう、TSUNAMIだ。そのニュースを僕はカルカッタ（コルカタ）の安宿で知った。最初は四年前に行った南インドも候補地として考えていたのだけど、諸般の事情でインド横断に変更したのだ。もし南インドに向かっていたらこの原稿を書いていたかどうかはわからない。なにしろ前回行った町は軒並み壊滅してしまったらしいのだ。あの時出会った子どもたちがどうなったか。想像するだけで気が重くなる。

ともかく津波とは無縁に僕たちは西へと旅を続けることにした。ブッダ・ガヤというブッダが悟りを開いた聖地がある。ここで「驢馬車に乗ってスジャータの村に行かないか」と誘われた。かつてスジャータという女性が乳粥供養をしたというところだ。驢馬車に乗りたくて行ってみることにした。実はこの村はそういう宗教的いわくのある土地であるにもかかわらず非常に貧しい村なのだ。着いてみるとそこに小さな小屋があって

写真1

子どもたちが勉強していた。そこは学校だったのである。学校といってもボランティアでやっているフリースクールなのだと言う。

子どもたちは着の身着のまま。教科書もなければ机も黒板もない。でも子どもたちは実に楽しそうに学んでいた。学ぶ熱意が全員のからだからあふれているのだ（写真1）。こういう熱気って僕たちはとうに忘れてしまったのではないか。学ぶっていうのは競争して点数を上げることではなくて、学ぶことそのものの中に喜びがあるのだということをイヤと言うほど知らされてしまった。その教師の話ではノートも筆記具も不足しているという。僕は旅行メモ用の一本を残してすべてのボールペンを渡してしまった。

そしてふと見ると子どもがあるものを使って勉強していた。石盤である（写真2）。『広辞苑』

写真2

を引用して説明すると「粘版岩の薄板に木製の枠をつけ、石筆で文字・絵などを書くようにしたもの。布で拭くと消える」というものだ。石盤はヨーロッパでは一八世紀末から使われていたが、日本では近代学校制度の成立の頃に黒板とともに導入された。明治五（一八七二）年に作られた「小学教則」の綴字（カナヅカヒ）の教授法が次のように記されている。

生徒残ラス順列ニ並ハセ智恵ノ糸口うひまなび絵入智恵ノ環一ノ巻等ヲ以テ教師盤上ニ書シテ之ヲ授ク前日授ケシ分ハ一人ノ生徒ヲシテ他生ノ見エサルヤウ盤上ニ記サシメ他生ハ各石板ニ記シ畢テ盤上ト照シ盤上誤謬アラハ他生ノ内ヲシテ正サシム

文中に出てくる「智恵ノ糸口」「うひまなび」「絵

入智恵ノ環一ノ巻」は当時教科用図書として使われていた本の名前。そして「盤上」は教師用の石盤かな、「石板」は石盤のことである。この史料から明治初期の授業のやり方を想像してほしい。

石盤はけっこう長いあいだ使われていた。ノートや鉛筆が普及したのは第一次世界大戦後のことであり、昭和初期くらいまでは石盤は書取りや計算を繰り返し練習できる重宝な文具であった。その日本では歴史的な文具が今もインドでは使われていたのである。ちょっと驚きであったが、ノートや筆記用具がなかなか手に入らないインドでは現役だったのである。この石盤、実際ブッダ・ガヤの文房具屋で二〇ルピーで売ってた。同行した若者が買っていたが、僕は

写真3

買わなかった。なぜなら僕は持っているからだ（写真3）。

この石盤はある家の古文書とともに出てきたものだ。これには福岡市内の住所と名前が書いてあり、小学生が教具として使っていたものであることがわかる。時代は特定できないが、大正期あたりではないかと想像している。

スジャータの村を後にするとき一人の少年が僕の胸ポケットに残った最後のボールペンをくれと叫びながら驢馬車を何百メートルも追ってきた。学びの道具への執着だったのだろう。その一本を渡すわけにはいかなかった僕はけっこう胸が痛んだ。スジャータの名前を使って儲けている某企業がちょっとだけでも名義使用料を払ってやればこの村の子どもたちは救われるのに、と責任転嫁をして僕はまた旅を続けたのである。

二二　二学期制のその前に

このところ二学期制を始める学校もあるけど、困ったのが二つの長い休みだ。そう、夏休みと冬休み。これがせっかくの学期の真ん中に来て緊張感を断ち切ってしまう。冬休みはクリスマスと正月という国民的（！）行事だから、まあ何とか許せるとして、夏休みは一ヶ月以上もあるからどうしたって前学期はだれてしまうんじゃないかな。

実は大学はずっと二学期制をとっている。前学期は四月から九月まで後学期は一〇月から三月までとなっているのだが、前学期は夏休みのあけた九月に一回授業をしてから試験期間に入っていた。つまり最後の講義というのは長い休みのあとの講義となり、何とも気の抜けたものになってしまう。夏休みの間に学生はそれまで講義した内容をすっかり忘れてしまうから最後の回に「前回話したあの件は……」なんて言っても話はつながりはしない。結局、講義時間数は帳尻をあわせても事実上意味のない時間つぶしに終わってしまった。最近になって、九月分の講義と試験を夏休み前に前倒しにして前学期を終わらせてしまうようになったのだが、前学期の最後は真夏日の中で過ごすことになる。低燃費のエアコンが完備してきたので可能になったことである。

だいたい夏休みというのは日本の習慣にはなかった。これを持ち込んだのは東京大学の前身である東京開成学校に雇われていた外国人教師たちの習慣によるものであったと思われる。明治八（一八七五）年の同校の規則に「九月十一日ヨリ七月十日ニ至ル之ヲ学歳トス　之ヲ分チテ二学期トス　第一学期ハ九月十一日ヨリ翌年二月十五日ニ至リ第二学期ハ二月十六日ヨリ七月十日ニ至ル」と定められたのがおそらく最初の規定だろう。つまり、学年の始期が九月であるから夏休みが学年の終わりに来ていることがわかるだろう。一年間たっぷり勉強したあと二ヶ月の休養をとれるわけだ。教師たちもゆっくりバカンスを楽しむというわけだ。つまり夏休みは九月学年始期と相性がいい制度だったのだ。

ところで私たちが慣れ親しんできた三学期制は四月始期制と深くかかわっている。四月始期制は明治一三（一八八〇）年に高等師範学校が始めたことであった。佐藤秀夫氏によれば第一に徴兵令の改正によって壮丁（成年男子）の届出が九月から四月に変わったことによる。どういうことかというと陸軍にとられる前に優秀な人材を高等師範学校に確保するための策略であったという。第二の理由はやはりこの年に国の会計年度が七月から始まるものだったのが現在の四月からに変わったことによる。そのほうが便利だという役人の都合によるものであった。とは言え同じ文部省管轄の帝国大学は九月始期を続けるので文部官僚が強気に出られるところに押しつけたということなのだろう。

小学校の始期については特に全国統一の時期は決められてはいなかった。福岡県ではこのころは九月始期であったが、佐賀県では明治二一（一八八八）年から四月始期とするよう達しがあったという。

全国の小学校に四月始期制度が適用されたのは明治二五年からであるが、法制化されたのは明治三三（一九〇〇）年の小学校令施行規則による。実際には四月始期が定着するのにはそのくらいまでかかったということらしい。今思う以上にのんびりしていたということだな。四月始期が定着してくると夏休みがじゃまをして授業期間を夏休みで区切るのが都合よくなる。そういうことで夏休みと冬休みをうまく使った学期の区分がやりやすい、ということで三学期制が普及したということなのだ。

要は三学期制は四月始期制の所産であり、二学期制は九月始期制にぴったりの制度だったということだ。今さら言っても遅いけどね。

二三　はじめは二学期制だったけど……

福岡市同和教育研究会の会長を務めていた松澤善裕さんという人は古いものを集めるのが趣味でして、時として教育関係の古文書なんかを見せびらかしてくれた。日本教育史を生業としている（よく覚えておいて！）僕としてはたいへんうれしいのだ。あるとき見せていただいたのは小学校の卒業証書であった。ちょいと紹介しよう。まず、「福岡県平民」と族籍入りなのだ（「同和教育をやっているのにそんなものを紹介するのは赦せん！」などと怒らないこと、何しろ昔の話なんだから）。で、「何野某助」と名前があり（さすがに松澤さんは実名は挙げないようにと忠告してくれたので、仮名）、その左に「八年四月」とある。つまり八歳四ヶ月ということだ。本文は「下等小学第八級卒業候事」とまんなかに書かれ、「第五大学区福岡県管内　第三十三中学区鞍手郡　稲光小学」と学校名が記されている。問題は日付が「明治九年十一月」となっていることである。

この人物の卒業証書はまだ他にあった。並べてみると七級卒業が明治一〇年一一月、六級卒業が一一年四月、五級卒業が一一年一一月、四級卒業が一二年四月となっている。こうやって並べてみると何か気づくだろう。そう、各級ごとに卒業という言葉が使われており、その卒業の時期が一一月と四月という中途半端な時期だということである。

文部省の「小学教則」によればこのころの小学校は下等小学と上等小学に分かれ、それぞれ四年ずつの課程になっている。下等小学は全部で八級からなり、六ヶ月で進級することとし、進級は試験によって認定されるという仕組みだった。そう、日本の学校教育ははじめから（学期という言い方はしないけど）半年単位で進級する二学期制だったのだ。この小学校で一一月と四月に各級の卒業試験をして進級を決めていたというのはそういう仕組みを示している。しかし、それにしても中途半端な時期ではないか。

で、もう一つの卒業証書を見てみよう。今度は「福岡県貫属士族」とあり、「誰田誰也」（仮名）と名前が書いてある。年齢は「当九月九歳九月」とあって九月時点で九歳九ヶ月であった。同じく「下等小学第八級卒業候事」と書かれているが、発行は「第五大学区福岡県管内　第三十四中学区夜須郡下秋月村　秋月小学」となっていて、日付は「明治七年九月」となっている。おやおやこんどは九月卒業と鞍手郡とは時期がちがう。どうしてかというと、明治九年に決められた旧福岡県（まだ廃藩置県の途中で、現在の福岡県は小倉県、福岡県、三潴県の三県に分かれていたのだ）の小学試験規則では上期試験を三月か四月に、下期試験を九月か一〇月にするように定められていたので鞍手郡と夜須郡では半期の区切り方にズレがあったというわけなのだ。

ところが小倉県では一月一一日から七月一五日までと八月一五日から一二月二六日までが開校期間となっていて、福岡県とはかなりのズレがあった。また、小学校ではないけど、明治一一年に設置された福岡師範学校附属変則中学では二月と七月が定期試験の月とされ、この試験で進級が決まるとなっていたから、二月と七月に入学や進級や卒業の行事が行われていたと考えられる。

このことからわかるようにこのころはまだ何月からはじまるということの全国的に統一された規則はなかったんだな。このように学校によって暦がちがうのは転校するということが考えられていなかったこと、小学校での学習が上級学校への進学とまったく結びついていなかったことを示している。横並びという発想がなかったのだ。学校の常識が今とはまったくちがっていたんだな。いったい誰が今の学校の横並びという常識をつくったんだろうね。

二四　受験準備は卒業の後で

地球温暖化とやらで夏はだんだん暑くなってくる気がしませんか。あちこちで二学期制がブームだけど、暑くて長い夏休みを過ごしたあとでまた前学期に戻るって子どもの感覚から見れば四学期制になったみたいなもんだよね。えーと、学年が四月に始まるいわゆる四月始期という学年暦の区分が明治一九（一八八六）年に高等師範学校から始まったことは前に書いた。これは優秀な人材を軍隊に採られる前におさえちゃおう、という青田刈りの発想だった。この四月始期は夏休みを区切りとすることで三学期制とも比較的なじみやすかった。もっとも僕自身の意見としては一年間で一番長い休みの期間を学年の途中に持ってくるよりは、学年の終期と始期の間に持ってくる方がいいと思うのだけれど、まあ、馴れ親しんだことだから言ってもしょうがないわな。

小学校については明治二五（一八九二）年から全国的に四月始期になり、中学校についてもこの頃に四月始期に移行しているところが多い。但し、中学校については学校別に始期を定めていたので妙なことになる。例えば佐賀県尋常中学校は明治二二（一八八九）年に定めた規則に従い、明治二四年から四月始期となったのだけれど、明治二五年に創設された宮城県尋常中学校は設立当初から四月始期を採用していたというように、全国的に四月始期への移行はまちまちであった。しかも同じ福岡県であっても明治二七年に尋常中学校伝習館、豊津尋常中学校、久留米尋常中学明善校がそれぞれ規則を定めて四月始期を実施したのに、尋常中学修猷館は明治二八年から四月始期制を実施するというように同じ県内でも足並みはそろっていなかったというのも今なら信じられないおおらかな話だろう。

まあ、伝習館、豊津、明善、修猷館というくらいしか福岡県には中学校はなく（これでも全国的には多い方であった）、小学校だけで終わる子どもたちがほとんどだったので多少の入学時期のずれは気にならなかったのかもしれない。

ところで久米正雄の短編に「受験生の手記」というのがある。大正七（一九一八）年の作品で、当時の受験模様がリアルに描かれている。主人公は一高（第一高等学校＝現在の東京大学教養学部の前身）の受験に失敗して一浪している青年である。しかも彼の弟もまたこの年に中学を卒業して高等学校を受験することになっていた。ちなみにこの頃の高等学校というのはすべて官立（＝国立）で、第一高等学校から第八高等学校までの八校しかなく、高等学校を卒業すると帝国大学（東京、京都、九州、東北）のどこかに必ず入れるようになっていたのだ。その意味では庶民にはほど遠い存在でもあったが、いったん成功すれば立身出世がかなう場所でもあった。

で、主人公の青年は前年の失敗の理由をかく分析している。

…卒業後の大切な数月を刺戟のない田舎で勉強しようとしたのが間違だつた。早くから上京してゐて、切迫した空気の中にゐたら、或ひは勉強ももつと緊張し、又受験術も巧妙になつてゐたかも知れない。

四月になると中学を卒業した弟が上京して来てともに受験勉強にいそしむが、彼は再び失敗し、弟は合格とともに彼の恋まで奪ってしまい、青年は自殺をする、という話だ。この話で気づいたと思うが、中学の卒業が三月、高等学校の入試は七月なのである。小学校や中学校が四月始まりになってからも、高等学校と帝国大学は一貫して九月始期を堅持していたのである。高等学校と帝国大学が四月始期を採用するのはなんと大正八（一九一九）年からであった。ほぼ四半世紀の間中学校を卒業する時期と高等学校の入学の時期との間に三ヶ月余の時間差があったのである。現在は高校や大学の入試が中学校や高等学校の通常の学期に食い込み、三学期はまったく授業なんかはできなくなっている。まっとうな人は中学校や高等学校の授業が歪められるというし、ある人は教員としての本務を抛ち受験代行業みたいな雑務に三学期を埋没しているようだ。もしかつてのように始期がずれていれば、中学校も高等学校もきちんと三学期まで通常の授業ができる。受験勉強は卒業してからすればいいのだから。そうなると授業のできないセンセはすぐにばれるか。

二五　時間は誰のもの？

JR西日本の痛ましい事故（福知山線脱線事故）はどうも過密なダイヤと厳格な時間厳守に誘因があったという。そういえば一五年ほど前に遅刻しそうになった女生徒が校門を抜けようとして門扉に挟まって亡くなった事件があった（神戸高塚高校事件）。思えば、学校というのは時刻にうるさいところだ。相変わらず校門で遅刻を取り締まる教師がいるようだし、そのくせ時間を守らないのが教師だったりする。

それはさておき、学校が時間に支配されているのは明白だ。もちろんそれは時計が普及したことによるのだが、そのことによって学ぶ主体も逆転したのだ。

近世、つまり江戸時代には時計なんて使っていなかった。まず、時間は不定時法といって一日を二四時間で計算する今のやり方（定時法）とはちがっていたのだ。空が白み始める曙（夜明け）から日が沈んで暗くなる黄昏（日暮れ）の間を昼の時間とし、黄昏から曙までを夜の時間とする。そして曙を明六時（あけむつどき）といい、黄昏を暮六時（くれむつどき）といい、昼の時間を六等分して明六時、明五時、朝五時、朝四時、昼九時（ひるここのつどき。ほぼ正午）、昼八時、夕七時、暮六時と数えていく。昼食を摂る習慣のない時代であるから昼八時（ひるやつどき。秋分だと午後二時頃かな）には小腹がすくのでちょっと何か口に入れる、これを「おやつ」といったのだ。

これでは季節によって昼と夜の長さがちがうし、ほぼ二時間ごとに鳴る太鼓の音でしか時間はわからない。頼りになるのはそれぞれの腹時計（死語か！）くらいであった。そんな時間感覚で江戸時代の学校教育は成り立ったのだろうか。

久留米藩の明善堂という藩校があった。そう、明善高校の前身とされている学校だ。手持ちの古文書にはこの学校では素読（漢籍を暗誦して読み方を覚える学習法）を明六時から始めたとある。どのようにしていたかというとまだ暗い明六時までに教官が全員顔を揃える。そして藩校内の部屋をすべて素読用に机を並べ替えて諸生（生徒のこと）を待つのだ。生徒はそれぞれの都合に合わせて登校してくる。そんなに三々五々集まってこられては授業にはならないと思うだろうが、そんなことはない。時間に管理されない学びの方法というものがあるのだ。

生徒たちは学校に着くと、それぞれ空いている教官のところに行ってまず答拝（礼だよ）をする。これは現在学校で行っている「起立、礼！」に連なる挨拶である。現在の学校教員の中にはこの「起立、礼」を勘違いして、生徒が先生に礼をするものだとはきちがえてふんぞりかえっている人がいるが、そりゃあ大まちがいだ。これは教える者と学ぶ者との間にある学問に対して行う礼なのだ。学問を尊いと思う気持ちが双方をして頭を下げさせる、そういう美風であったのだが、何ともはや……。

ともかく答拝をした生徒は自分の札（カルテだな）を教官に示す。その札には今どこまで進んでいるかといった学習の状況が書いてある。教官はそれを見て「うむ、『論語』の七二丁の三行目からだな」などと確認して、その日の暗誦する箇所の読み方を教えるのだ。そして読み方を学んだ生徒はまちがえないように何度も暗誦し、すらすら諳んじるようになったらもう一度別の教官にチェックを受けてできていればok、という具合にその日の学習を進めたのである。もし覚えが悪ければ、一日に覚える量を調整してその旨を札に書き込んで次の指導者にまわすという方法をとっていた。まさに生徒中心の教育だろう。

定時法というきっちりした時間をはかる方法がなかった時代には、生徒が教師の決めた時間に集まることはできなかった。だから教師が生徒を待っていたのだ。そしてそのことは生徒一人ひとりのペースに合わせた教育を生み出していたのだ。時間が人間を管理するようになるとJRや高塚高校のように人間のいのちにまでかかわることが起きてくる。人間（生徒も教師も）が時間を管理するすべはないのだろうか。

近世の時刻

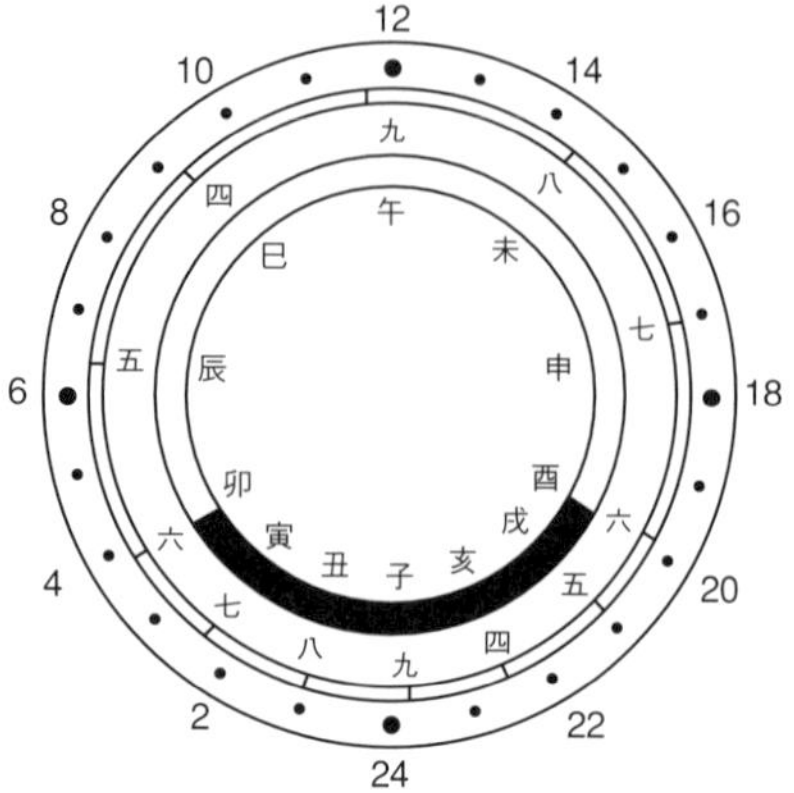

夏至　6月22日～7月6日

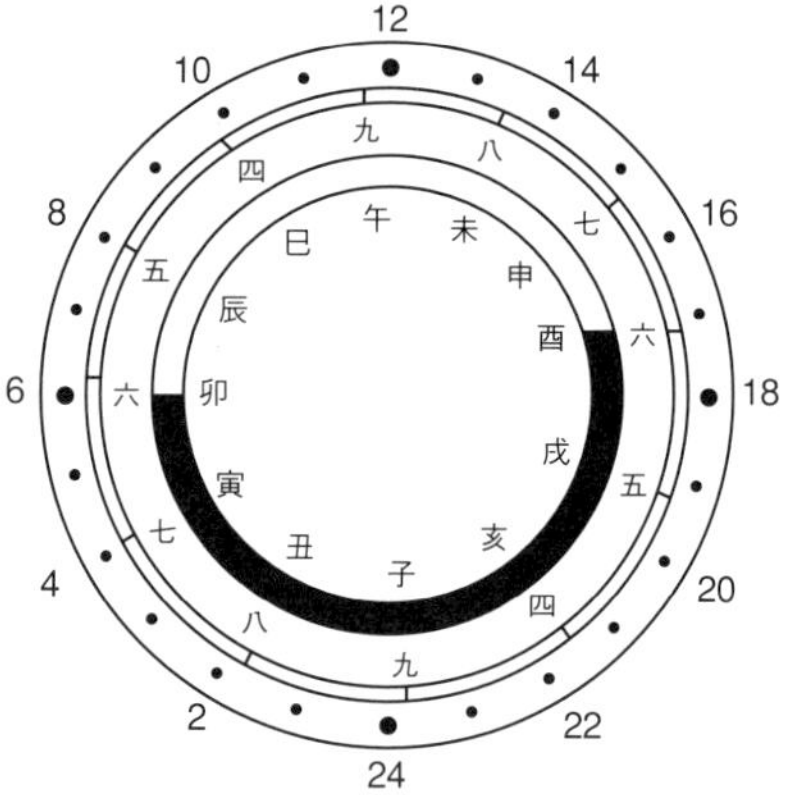

冬至　12月22日～1月5日

※漢数字は近世の時制を表し、算用数字は現在の時制を表す。明六時（あけむつ）といっても、夏至と冬至では約2時間、また1時（いっとき）でも、30分ほど夏至が長い（この表は関東を基準としているので、九州と約1時間ほどのずれがある）。

二六　逆さまに字を書いてみようか！

近代学校が発足したときに始まったのは時間の管理だけではない。学校の仕組みそのものが変わったのである。前回紹介した藩校はそれぞれの藩が藩士（つまりは藩の役人である武士のこと）を育成するために仕事として家臣に学ばせた。しかし、それであっても強制的に学ばせることは難しかった。学ぶということは私的な行為だったからである。たとえ封建社会であっても勧めることはできるが、強いることはできないのが学びなのであった。だから前回紹介した素読の学習が一人ひとりのペースに合わせて行われていたのはあたりまえのことだったのである。

それじゃあごくフツーの庶民の場合はどうだったろうか。フツーの人々が寺子屋というところで学んでいたということはみんな知っていることだろう。但し、当時寺子屋という呼称は一般的ではなかった。「手習いに行く」と言っていたのがフツーだったと考えればいい。「手習い」とは習字のことだ。習字には手本が必要だ。その手本を往来物という。往来物にはいろいろな種類があって、例えば『農業往来』、『商売往来』、『夫婦往来』なんちゅうものがある。そういえば二代目玉川勝太郎の大ヒット作『天保水滸伝』に「(笹川の)繁蔵は『商売往来』にない仕事をしております」というくだりがあったのを思い出した。そう、『商売往来』というテキストにはいろんな商売のことが載っているのだ。だから、『商売往来』を手本に文字を学べば読み方と書き方と商売に必要な知識が身につくというすぐれものであった。

もちろん手習塾も時間にはしばられていない。子どもたちは自分たちの都合に合わせて適当な時間に手習いを学びに師匠のもとにやってくるのである。ここではみんなに共通のカリキュラムなんていうものは存在しない。基本的に手習塾での学びは自学自習である。子どもたちは黙々と手本を見ながら習字のお稽古をする。とはいえ、まるっきり自習というわけではない。手習いであるから大切なのは筆さばきである。これは師匠が直々教えたり、朱で直したりして指導する。

大切なのは教え方である。師匠は自分の机の前に五～六人子どもを呼び寄せそれぞれに書き方を教えるのである。それぞれの子どもは学んでいる教材、進度はまったくちがうから、師匠は一人ひとりの子どもにそれぞれ学ぼうとしている箇所の書き方を教えなければならない。それでひとりずつ「この子は『商売往来』の一二丁か」、「この子はまだ『いろは』だっけ」、「この子はもうじき嫁に行くので『夫婦往来』を始めるか」などと一人ずつに向き合いながら筆さばきを伝授していく。ひととおり終わると席に返し、次の五~六人と交代する。席に戻った子は師匠の筆遣いを頼りに手習いの練習をするのである。時折師匠は子どもの中をまわって手直しなどの指導をするという具合に一日が過ぎていくのである。

ということでよく考えてみよう、すごいことに気がつく。筆遣いを一人ひとりに教えるのだから、当然師匠は子どもに向かって文字を書くことになる。師匠にしてみれば逆さまに字を書いて子どもに教えるのだ。しかも江戸時代だからあの崩したグニャグニャの文字だ。すごい技術だろう。これを「倒書」といって寺子屋の師匠ならあたりまえのワザであった。今ならちょっとした芸とも言えそうなことだが、これをしなければこうした学びのシステムの中で師匠は勤まらなかったのだ。

江戸時代の学びのシステムは近代の学校教育とはまったくちがうことに気がつくだろう。教師が待っていて時間は学び手が管理している。教材は学ぶ人間の必要によって決まる。教師は一対一で教える。学ぶ側のニーズに応えるというのはこういうことなんだな。今の学校と何がちがうか、考えてみてもいいね。

二七　教育は厳粛に

教育とは何のために、そして誰のために行うものでしょうか。これは教師たるべき者は常に自問自答しておかなくてはならない問いです。とは言え、何年も教師稼業をしているとついつい現実に流されて、「そんな青臭いことは忘れたよ」なんて言ったりしてないでしょうね。

そんな時に指針になるのは何と言っても「教育勅語」しかないでしょう（はぁっ？）。先般ある方が訪ねてきて「某教科書には教育勅語を載せていて、実にけしからん」というきどおっていました。確かにお怒りはごもっともなんですが、僕なんかは講義のときに教育勅語をプリントしてばらまいているくらいなので、むしろ「いい教科書かもしれない」なんて思っちゃったりして。

教科書はよく言うように「教科書を教えるんじゃなくって、教科書で教える」って考えるのが妥当でしょう。そうでないと教師の力量は育ちませんから。そんなわけで教育勅語をいつでも使えるように載せておきましたげな。

で、その教育勅語ですが、あれはよくないと言いつつ、ちゃんと読んだ人も少なく、国粋派の方々から「親孝行のように良いことが書いてある。その美しい日本のこころをダメにしたのは戦後教育だ」なんて批難されると、「そうかもしれない」なんて思う人だってけっこういるのです。で、教育勅語ってどんなものか読んでみようよ。なにしろたった三一五文字なんだから。

まず教育勅語は「朕惟フニ我カ皇祖皇宗国ヲ肇ムルコト宏遠ニ徳ヲ樹ツルコト深厚ナリ我カ臣民克ク忠ニ克ク孝ニ億兆心ヲ一ニシテ世世厥ノ美ヲ済セルハ此レ我カ国体ノ精華ニシテ教育ノ淵源亦実ニ此ニ存ス」というところからはじまる。わかりやすく噛み砕けば、「わてが思うに、わての祖先がこの国を作ったときに考えたのは忠孝という徳だ。我が臣民は忠孝ということに心を一つにして代々その美しさを整えていかないかん。それが我が国の教育の根っこなんだ」ということになろうか。で、続いて「爾臣民父母ニ孝ニ兄弟ニ友ニ夫婦相和シ朋友相信シ（おまえら臣民は仲良くしぃ）」「恭倹己レヲ持シ博愛衆ニ及ホシ（自分にきびしく人にやさしくしぃ）」「学ヲ修メ業ヲ習ヒ以テ智能ヲ啓発シ徳器ヲ成就シ（よく勉強して立派になりぃ）」「進テ公益ヲ広メ世務ヲ開キ常ニ国憲ヲ重シ国法ニ遵ヒ（そしたら進んで世の中のためになるように、そして国の言うことに従うこと）」と臣民（＝国民ではなくて〈臣〉民ですよ）のつとめとして立派な人間になることをあげているのだ。

けっして単純に人間として立派になれと言っているのではない。親孝行程度のことを勧めるのなら教育勅語でなくてもいいだろう。ここに書いてある徳目がいいことだから教育勅語はすばらしい、なんて言う奴は読解能力に基本的に欠けていると言っていいだろう。そりゃあ自分の臣民が善良で、実直な人間であるにこしたことはないのだし、徳目自体はどこに行ったってそんなに変わるものではない。問題は臣民であることなのだ。

で、肝心なのはここだ。「一旦緩急アレハ義勇公ニ奉シ以テ天壌無窮ノ皇運ヲ扶翼スヘシ是ノ如キハ独リ朕カ忠良ノ臣民タルノミナラス又以テ爾祖先ノ遺風ヲ顕彰スルニ足ラン（そしていったん何かあるときは国のためにたたかえ！ それがわてのみならず代々の天皇家のためにもなるのじゃ）」と言っているのだ。ところがここでミソが付いた。なんと文法上のまちがいがここで起きてしまったのだ。さて、わかるかなぁ。Hセンセみたいな国語のセンセだったらきっとわかると思うんだけど。

実は「一旦緩急アレハ」と已然形になっているが、ここは未然形で書くのでなければならないところだ。「一旦緩急アラハ」とね。でないと毎日戦争中みたいなことになってしまうだろう。のちの人びとは教育勅語を有り難がっていたけれどもこういうぞんざいな作り方をしていたことはよく胸にとどめておこう。

そしてまとめは「斯ノ道ハ実ニ我カ皇祖皇宗ノ遺訓ニシテ子孫臣民ノ倶ニ遵守スヘキ

所之ヲ古今ニ通シテ謬ラス之ヲ中外ニ施シテ悖ラス朕爾臣民ト倶ニ拳々服膺シテ咸其徳ヲ一ニセンコトヲ庶幾フ（これが天皇家の真実の教えなんだから、臣民も誰がなんと言おうときっちり守ること）」となる。「この教えは絶対正しい」という自信はたいしたものだけれど、「中外ニ施シテ悖ラス」、つまり国外でも変わらずにやれ、というのは侵略主義と言われてもしかたないよね。だから、こういうものが戦前の教育の実に巧妙な小道具だったことを忘れちゃならないのだ。

教育ニ関スル勅語（教育勅語）

朕惟フニ我カ皇祖皇宗国ヲ肇ムルコト宏遠ニ徳ヲ樹ツルコト深厚ナリ我カ国民克ク忠ニ克ク孝ニ億兆心ヲ一ニシテ世々厥ノ美ヲ済セルハ此レ我カ国体ノ精華ニシテ教育ノ淵源亦実ニ此ニ存ス爾臣民父母ニ孝ニ兄弟ニ友ニ夫婦相和シ朋友相信シ恭倹己レヲ持シ博愛衆ニ及ホシ学ヲ修メ業ヲ習ヒ以テ智能ヲ啓発シ徳器ヲ成就シ進テ公益ヲ広メ世務ヲ開キ常ニ国憲ヲ重シ国法ニ遵ヒ一旦緩急アレハ義勇公ニ奉シ以テ天壌無窮ノ皇運ヲ扶翼スヘシ是ノ如キハ独リ朕カ忠良ノ臣民タルノミナラス又以テ爾祖先ノ遺風ヲ顕彰スルニ足ラ

ン

斯ノ道ハ実ニ我カ皇祖皇宗ノ遺訓ニシテ子孫臣民ノ倶ニ遵守スヘキ所之ヲ古今ニ通シテ謬ラス之ヲ中外ニ施シテ悖ラス朕爾臣民ト倶ニ拳々服膺シテ咸其徳ヲ一ニセンコトヲ庶幾フ

明治二十三年十月三十日

御名御璽

あとがき

日本教育史という基礎的な研究をなりわいとしてきたが、いつのころからか「同和」教育なぞというものにかかわるようになっていた。それは教育学における基礎研究というものが現場や実践と無縁の机上の学問なのではなく、教育の課題を克服するために必要な力を持たなければならないという自身の教育学観にもとづいてのことであった。

医学に基礎研究と臨床研究があるように教育にも基礎教育学と臨床教育学が存在しなければならない。街に日々患者の治療にあたる医師と同じように、学校には日々子どもたちと向き合う教師がいる。不幸にして教育の世界では学問的研究より現場での体験信頼が置かれている。それは教師の不勉強のせいなのか、それとも教育学者の怠慢なのかといえば、僕は教育学者の怠慢のほうが問題であろうかと思う。それと教員養成と教育学研究を切り離してきた教員養成のあり方や教育行政にも問題はあった。しかし、愚痴は言うまい。教育学の基礎研究の成果が現場で生かされるように加工するのも教育学者の仕事だと考えることで僕は責任を果たすつもりで「同和」教育にもかかわってきた。本書は日本教育史という基礎研究の成果を「同和」教育の理論と実践に活用できないかと考えてまとめたものである。どのように使うかは現場にお任せしたい。現場を尊敬し、よけいな口を出さないのが基礎研究に携わる者の控えめな姿勢だと思うからだ（あっ、嘘つき！）。

本書は福岡県同和教育研究協議会（現福岡県人権・同和教育研究協議会）の機関誌『かいほう』に連載してきたコラム「羅針盤」に書いてきた文章に加筆修正をしてまとめたものである。最初、福岡県同教から教育史のネタで『かいほう』の最終面に何か書いてみないか、と誘われたとき、いつまで続くことやらと心配ではあったが、二五回を数えることになった。けっこう読んでくれている人に出会うことが多く、その励ましの言葉がここまでの支えになってきた。何より「羅針盤」読者の方々にお礼を言いたい。また、本書を福岡県人権研究所から出版することを快くお許しいただいた福岡県人権・同和教育研究協議会のご厚意に感謝したい。

二〇〇五年一一月三日明治節の夜に

新谷恭明

新谷恭明（しんややすあき）
一九五一年生まれ。現在、九州大学大学院人間環境学研究院教授。
近代学校教育における、教育慣行・学校文化の形成と発展を主要な研究テーマとする。幕末維新期における学校史から、近代日本の中等教育史や学校文化史の研究など、その幅は広い。
ＮＰＯ法人宗像地区人権と共生の会理事長、福岡市人権政策懇話会委員、ヒューマンライツふくおか市民会議会長、福岡県人権研究所理事、などを務める。

著書
『尋常中学校の成立』（九州大学出版会）、『人間形成の基礎と展開』（編著、コレール社）『大学とはなにか』（共著、海鳥社）、『人間を大切にする学校づくりの道標』（共著、福岡県人権研究所）などがある。

学校は軍隊に似ている——学校文化史のささやき

二〇〇六年三月三〇日
第一刷発行
定価——一二〇〇円＋税

著者——新谷恭明
発行人——森山沾一
発行——㈳福岡県人権研究所
福岡市博多区博多駅東一丁目一七番一号　福岡東総合庁舎内
ＴＥＬ〇九二（四三二）六〇四五
発売——海鳥社
福岡市中央区大手門三−六−一三
ＴＥＬ〇九二（七七一）〇一三二
印刷・製本——三栄印刷株式会社

ISBN4-87415-591-X